Adalbert Stifter Schule
Kaufbeuren - Neugablonz
Lehrer-Bücherei D-0392

Jo-Jo

Lesebuch 3
Grundschule Bayern

Erarbeitet von

Barbara Ertelt, München
Brigitte Umkehr, Unterpleichfeld
Marion Waszak, München

Unter Beratung von

Gabriele Bräutigam, Nürnberg
Dr. Andrea Greller, Rudelzhausen
Cornelia Holzer, Waakirchen
Maria Klingshirn, Haiming
Dr. Helga Rolletschek, Eichstätt
Sigrid Schwarzer, Ingolstadt

Inhalt

- Lese-Spielwiese — 4
- Lesestrategien — 16
- Ich – Du – Wir — 22
- Herbst — 34
- Natur entdecken: Pflanzen — 46
- Unglaubliche Geschichten — 56
- Winter — 70
- Das bin ich — 84
- Freizeit — 96

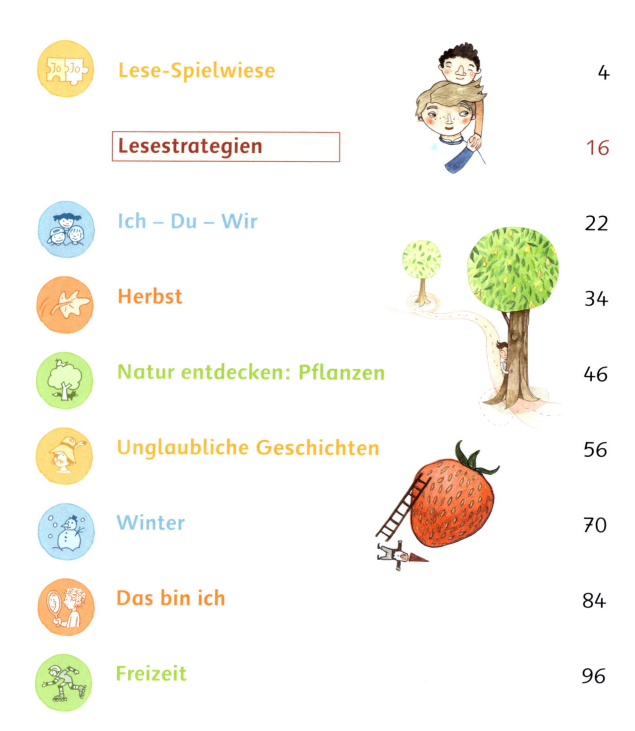

Natur entdecken: Tiere	108
Frühling	118
Wie wir leben	128
Zeiten und Räume	140
Sommer	150
Ich liebe Bücher	158

Textwerkstatt	168
Kleines Lexikon	188
Fachbegriffe	193
Inhalt nach dem ABC	196
Inhaltsverzeichnis	198

Lese-Spielwiese

Der kultivierte Wolf

Der Wolf kam zu einem Bauernhof. Als er über den Zaun linste, sah er ein Schwein, eine Ente und eine Kuh, die in der Sonne saßen und lasen. Der Wolf hatte noch nie lesende Tiere gesehen. Er sprang auf die Tiere zu und brüllte:

5 „Aaaah-Oooh-Aah!"

Die Ente, das Schwein und die Kuh rührten sich nicht.
„Seht ihr nicht, dass ich ein großer und gefährlicher Wolf bin?", fragte der Wolf.
„Doch, sicher bist du das", erwiderte das Schwein,
10 „aber kannst du bitte irgendwo anders groß und gefährlich sein? Wir versuchen zu lesen. Das ist ein Hof für kultivierte Tiere."
„Kultivierte Tiere …",
murmelte der Wolf vor sich hin.
„Dann will ich auch lesen lernen!"

15 Und er ging in die Schule.

Der Wolf war aufmerksam und fleißig.

Zufrieden mit sich selbst, kehrte der Wolf zum Hof zurück und
sprang über den Zaun. Er schlug „Die drei kleinen Schweinchen" auf
20 und las laut:

**„EswareneinmaldreikleineschweinchenEinestagesriefihre
muttersieundsagte …"**

„Hör mit diesem Krach auf", unterbrach ihn die Ente.
„Du musst noch an deinem Stil arbeiten", bemerkte das Schwein.
25 Der Wolf zog den Schwanz ein und schlich davon.

Aber der Wolf gab nicht auf. Er nahm das Geld, das er sich aufgespart hatte,
ging in die Buchhandlung und kaufte sich ein großes, schönes Märchenbuch.
Sein allererstes eigenes Buch!

Darin las er Tag und Nacht.
30 Jeden Buchstaben und jede Zeile.
Er würde so toll lesen lernen, dass die Tiere
vom Hof ihn einfach bewundern mussten!

*Text: Robert Houlden und Becky Bloom
Bilder: Pascal Biet*

Wie war es, als du lesen gelernt hast? Wie ist es jetzt?

Schul-Regeln

Trifft man auf dem Schulweg ein Schwein,
schläft man in der ersten Stunde ein.
Trifft man auf dem Schulweg eine Katze,
kriegen alle Lehrer eine Glatze.
5 Trifft man auf dem Schulweg eine Schnecke,
begleitet man sie bis zur nächsten Ecke.
Trifft man auf dem Schulweg einen Floh,
muss man zu Hause gleich aufs Klo.
Trifft man auf dem Schulweg eine Kuh mit Streifen,
10 wird man die Mathe-Aufgabe endlich begreifen.

Heinz Janisch

Verhexe deinen Stundenplan.

Verhexter Stundenplan

Schontag	Dienstag	Mistwoch	Donnerstag	Freutag
Lesen	Besen	Mathematik	Besen	Lachunterricht
Schreiben	Schreien	Schreien	Ringen	Ratematik
Große Pause	Große Pause	Große Brause	Große Pause	Große Sause
Turnen	Malen	Singen	Engtisch	Ringen
Sachunterricht	Englisch	Maulen	Tarnen	Maulen

Textwerkstatt

Max und Moritz

A Mensch, der nit in d Schui geh wui,
Aus so oam werd aa oft net vui.
Dort lernst as ABC net bloß,
Do is no vui, vui mehra los.
5 S Lesn büffln, s Rechnen, s Schreibn,
Derfst koan Unsinn aa net treibn,
Muasst Anstand übn und Moral,
Is' aa hart, des is egal!
Dass ois pädagogisch geht,
10 Da Lehra Läpmpl grod für steht.

Max und Moritz ham deswegn
Den Kerl no nia recht bsondas mögn.
Nia derfst bei dem an Blädsinn macha,
Schwätzn, faul sei, schlampan, lacha.

Wilhelm Busch / Alfons Schweiggert

Sachen verstaubt?
Wachen geraubt?
Drachen verschraubt?
Ah! Lachen erlaubt!

Gerda Anger-Schmidt

Buchstabengeschichten von Paul Maar

Mit **H** hat sie zwei Beine,
doch geht sie nie alleine.
Mit **R** kann sie dich stechen,
versuchst du sie zu brechen.
Doch setzt du an den Anfang **D**,
enthält sie Milch für den Kaffee.
(-ose)

Mit **R** ist's Ochse oder Kuh,
mit **W**, da bläst es immerzu,
mit **K** ist es ein Mensch wie du!
(-ind)

(Der Buchstabe R)

Was mag das wohl sein?

Du sollst es erraten:
Das Ding steckt in Früchten,
doch nie in Tomaten,
steckt niemals im Bein,
5 es steckt in den Armen,
ist nie in der Kälte
und immer im Warmen.
Es steckt nicht im Kopf
und doch in der Stirne,
10 steckt niemals im Obst,
doch ist's in der Birne.
Es ist in Hannover,
in Köln aber nicht.
Man findet's in Rätseln,
15 doch nie im Gedicht.

Kann das wirklich sein?

Toller Ausblick

„Von meinem Zimmer aus habe ich einen tollen Blick auf die Wiese", erzählt Max. „Jeden Morgen hoppeln dort die Hasen. Ihre langen Schwänze schauen immer aus dem Gras heraus. Manchmal kommt auch ein Reh vorbei." „Das ist ja toll", meint Lena. „Da kannst du ja ein richtiger Tier-Experte werden."

Urlaub in Berlin

Familie Schmitt macht zum ersten Mal in Berlin Urlaub. Sie sind mit dem Zug in der großen Stadt angekommen. Nachdem sie das Gepäck ins Hotel gebracht haben, machen sie sich auf den Weg in die Stadt. Sie staunen über die großen Häuser und die breiten Straßen. Gemütlich essen sie in einem kleinen Restaurant. Als es dunkel wird, gehen sie zum Eiffelturm und bestaunen von oben die vielen schönen Lichter der Stadt.

Ein Familienausflug

Lisa Müller geht mit ihren zwei Geschwistern und ihren Eltern spazieren. Es ist ein warmer Tag und sie sind froh, als sie endlich den kühlen Wald erreicht haben. In der Ferne hören sie einen Kuckuck rufen. Die Blätter rascheln. Neben dem Weg bauen Waldameisen an ihrem großen Haufen weiter. Es ist ein eifriges Treiben. Nach einer guten halben Stunde Spaziergang kommen sie an ein kleines Waldrestaurant. Dort kauft Herr Müller für seine beiden Kinder ein Eis. Seine Frau bekommt natürlich auch eines. So sitzen sie gemütlich zusammen und lassen sich das leckere und kühle Eis schmecken.

Lest die Texte vor. Hört gut zu: In jedem Text ist ein Fehler versteckt.

Kleiner Unsinn

Wernichtrichtiglesenkann
fangnochmalvonvornean
dennichschreibehierdieworte
andersalsmanseuchgelehrt
5 zwarnichtunbedingtverkehrt
sonderneinfachaneinander
dassmansienichtgleicherkennt
auchwennihrdasunsinnnennt
docheinkleinerunsinnmacht
10 dassmangerndarüberlacht.

Gottfried Herold

Wie viele Kinder sind hier noch versteckt?

Wörterversteck

DIE KLASSE 3 A FREUT SICH SCHON RIESIG. SIE PLANT EINEN WANDERTAG MIT IHRER LEHRERIN FRAU SIEVERT. ALLE SIND SCHON GANZ AUFGEREGT. DIE KINDER SPRECHEN SICH AB, WAS SIE MITNEHMEN. MICHA NIMMT SEINEN BALL MIT, DIE MÄDCHEN WOLLEN LIEBER IM WALD VERSTECKEN SPIELEN.

Die geheime Inschrift

Heute ist unser Wandertag! Frau Sievert, unsere Klassenlehrerin, klatscht in die Hände und ruft: „Auf geht's, Kinder! Bleibt immer schön zusammen, damit wir uns im Wald
5 nicht verlieren."
Rechts und links vom Weg stehen hohe Fichten. Ihre Wipfel schwanken im Wind und zwischen den Ästen glitzern Spinnweben.
„Es gibt tatsächlich Leute, die hier Zwerge
10 gesehen haben wollen", erzählt Frau Sievert. „Um den Zauberwald ranken sich merkwürdige Geschichten. Angeblich sind hier früher mal Wanderer verschwunden."
Wir gehen auf einem schmalen Trampelpfad
15 weiter. Nach einer Weile landen wir auf einer kleinen Lichtung. Mitten auf der Lichtung steht ein großer Stein.
„Dieser Stein wurde vor fast zweihundert Jahren aufgestellt, um an die Wanderer
20 zu erinnern, die hier im Zauberwald verschwunden sind", sagt Frau Sievert. „Gleichzeitig sollte er den Menschen eine Warnung sein."
Ich betrachte die Inschrift auf dem Stein,
25 aber die Wörter ergeben überhaupt keinen Sinn.

Maja von Vogel

Magst du Rätselbücher gerne? Du findest eine Auswahl in der Bücherei.

Rätsel

Es fliagt in da Luft,
hot zwoa Hax'n
und is schwoaz!

Ein Rabe

Es fliagt in da Luft,
hot vier Hax'n
und is schwoaz!

Zwei Raben

Es fliagt in da Luft,
hot sechs Hax'n
und is schwoaz!

Eine Fliege

There were two blackbirds
sitting on a hill.
One named Jack,
and the other named Jill.
Fly away, Jack!
Fly away, Jill!
Come again, Jack!
Come again, Jill!

*A bird in the hand is worth
two in the bush.*
*Ein Spatz in der Hand ist besser
als eine Taube auf dem Dach.*

Rabengespräch

Über den Hügel flogen drei Raben,
die sich viel zu sagen haben.

Der eine sprach bedächtig: „Ja!"
Und noch mal: „Ja!" und dann „Ja, ja!",
5 weil ihm so richtig danach war.

Ja, ja.

Über den Hügel flogen drei Raben,
die sich viel zu sagen haben.

Der zweite sprach: „Nee, nee!
10 Nee, nee! Ojemine, nee, nee, nee, nee!"
Als tät ihm wieder alles weh.

Ja, ja! Nee, nee!

Über den Hügel flogen drei Raben,
die sich viel zu sagen haben.

15 Der dritte meinte nur: „Aha!
Aha! Aha! Aha! Aha!"
So war die Sache endlich klar.

Ja, ja. Nee, nee. Aha.

Über den Hügel flogen drei Raben,
20 die sich viel zu sagen haben.

Fredrik Vahle

Von Fenster zu Fenster

Hallo, Ben! Kannst du mich hören?
Nein. Anna, der Lärm da unten kann mich nicht stören.
Ben, kommst du mit mir ins Hallenbad?
Was? Dir ist fad? Dann komm doch rüber zum Spielen!
5 Ja, ich bin fertig mit dem Spülen. Also, kommst du mit?
Wieso zu dritt? Wir können doch gut zu zweit spielen.
Ich hab eine Idee …
Wieso im See? Das ist jetzt zu kalt. Außerdem ist es mir zu weit.
Was heißt, du hast keine Zeit?
10 Hast du denn deine Hausaufgaben noch nicht gemacht?
Ich hab doch gar nicht gelacht! Ich hab nur vorgeschlagen,
ins Hallenbad zu gehen. Also, wie sieht's aus?
Du bleibst zu Haus? Dann spiel ich eben allein.
Du findest das fein? Ich hol meine Badesachen.
15 Ja, finde das ruhig zum Lachen! Anna, ich bleibe auch zu Hause.
Gut, wir sehen uns dann unter der Brause.

Helge M. A. Weinrebe

Hoppala

Ma! Willen Knödel?
Da! Killen Trödel!
Ha! Brillenblödel!
Ka – millen – gödel?
MA – RILLEN – KNÖDEL!

Gerda Anger-Schmidt

Traumbuch

Ich wollte schon immer ein Vogel sein.
Gestern im Traum bin ich einer gewesen.
Ich saß im höchsten Buchenbaum
Und hab – was sonst? – ein Buch gelesen.
5 Es war ein Buch nach Vogelart,
mal federleicht, mal flügelschwer.
Ich flog mit ihm im Traum davon
Und wollte immer mehr!

Als dann der Traum zu Ende war,
10 bin ich kein Vogel mehr gewesen.
Geflogen bin ich immer noch.
Ich hab einfach weiter gelesen.

Inge Meyer-Dietrich

Welche Bücher hast du besonders gern? Erzähle davon.

Das hilft dir, Texte besser zu lesen und zu verstehen

Alle Lese-Tipps auf einen Blick

Vor dem Lesen

- Lies zuerst die Überschrift.
- Schau dir die Bilder an.
- Vermute, worum es in dem Text geht.
- Verschaffe dir einen Überblick über den Text: Lies zwei Sätze vom Anfang, aus der Mitte und vom Schluss des Textes.

Während des Lesens

- Wenn du etwas nicht verstanden hast, lies den Absatz oder den ganzen Text noch einmal.
- Kläre die unbekannten Wörter.
  - Suche im Text nach einer Erklärung.
  - Schau dir die Bilder an.
  - Schlage in einem Lexikon nach.
  - Frage andere Kinder oder Erwachsene.
- Teile den Text in Absätze ein.
  Überlege dir für jeden Absatz eine Überschrift.
- Stelle W-Fragen an den Text:
  Wer? Was? Wann? Warum? Wo? Wie?
- Finde die wichtigen Wörter in jedem Absatz.

Nach dem Lesen

- Vergleiche mit deinen Anfangsvermutungen:
  Was hast du Neues erfahren?
- Gestalte ein Schaubild zum Text.
  Erkläre jemandem, worum es in dem Text geht.
- Beschreibe und begründe, welche Lese-Tipps für dich bei diesem Text besonders hilfreich waren.

Versuche, diese Tipps bei **allen** Texten anzuwenden.

Welche Lese-Tipps kennst du schon? Welche sind neu?

Lesestrategien

- Lies zuerst die Überschrift.
- Schau dir das Bild an.
- Vermute, worum es in dem Text geht.
- Verschaffe dir einen Überblick über den Text: Lies zwei Sätze vom Anfang, aus der Mitte und vom Schluss des Textes.

Die Jesus-Christus-Echse

Was ist das bloß für ein Name für ein Tier! Ist diese Echse denn heilig? Ist diese Echse an Weihnachten geboren? Heißt seine Mutter Maria und sein Vater Josef? Nein, nein und nochmals nein.
Die Jesus-Christus-Echse heißt Jesus-Christus-Echse, weil sie etwas
5 kann, das Jesus auch konnte – und niemand sonst. Jesus konnte auf dem Wasser gehen. Das war ein Wunder, das ihm niemand nachzumachen verstand. Jene eine Echse ausgenommen: die Jesus-Christus-Echse.
Wenn ein Feind hinter ihr her ist, dann lässt sie sich vom Baum fallen
10 und flüchtet aufs Wasser. Sie rennt so schnell darüber hinweg, dass Jesus wahrscheinlich nie hätte Schritt halten können.
Weiter kann man diese Echse nicht mit Jesus vergleichen. Sie ist grün. Sie wohnt in Panama und hat einen Kamm auf ihrem Kopf.
Sie bewegt sich kriechend auf ihren vier Beinen fort. Aber wenn sie
15 auf dem Wasser läuft, dann tut sie das ebenso wie Jesus aufrecht auf zwei Beinen.

Lies erst jetzt den ganzen Text.

Lesestrategien

- Wenn du etwas nicht verstanden hast, lies den Absatz oder den ganzen Text noch einmal.

- Kläre Unbekanntes.
– Suche im Text nach einer Erklärung.
– Schau dir das Bild an.

Jesus-Christus-Echse

– Schlage in einem Lexikon nach.

– Frage andere Kinder oder Erwachsene.

- Stelle W-Fragen an den Text: Wer? Was? Wann? Warum? Wo? Wie?
  Wo lebt die Jesus-Christus-Echse?
  Wie kommt die Jesus-Christus-Echse zu ihrem Namen?
  Warum rennt sie auf das Wasser?
Finde weitere W-Fragen.

Lesestrategien

- Teile den Text in Absätze ein.
  Überlege dir für jeden Absatz eine Überschrift.
- Finde die wichtigen Wörter oder Sätze in jedem Absatz.

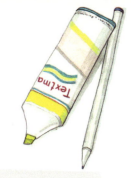

Ein merkwürdiger Name

Was ist das bloß für ein Name für ein Tier! Ist diese Echse denn heilig? Ist diese Echse an Weihnachten geboren? Heißt seine Mutter Maria und sein Vater Josef? Nein, nein und nochmals nein.

Übers Wasser gehen

Die Jesus-Christus-Echse heißt Jesus-Christus-Echse, weil sie etwas kann, das Jesus auch konnte – und niemand sonst. Jesus konnte auf dem Wasser gehen. Das war ein Wunder, das ihm niemand nachzumachen verstand. Jene eine Echse ausgenommen: die Jesus-Christus-Echse.

Die Echse aus Panama

Wenn ein Feind hinter ihr her ist, dann lässt sie sich vom Baum fallen und flüchtet aufs Wasser. Sie rennt so schnell darüber hinweg, dass Jesus wahrscheinlich nie hätte Schritt halten können. Weiter kann man diese Echse nicht mit Jesus vergleichen. Sie ist grün. Sie wohnt in Panama und hat einen Kamm auf ihrem Kopf. Sie bewegt sich kriechend auf ihren vier Beinen fort. Aber wenn sie auf dem Wasser läuft, dann tut sie das ebenso wie Jesus aufrecht auf zwei Beinen.

Du kannst die wichtigen Wörter in dein Lerntagebuch schreiben.
Auf Arbeitsblättern kannst du sie auch unterstreichen oder markieren.

Lesestrategien

- Vergleiche mit deinen Anfangsvermutungen:
  Was hast du Neues erfahren?

Das wusste ich schon:	Das war neu:
Echsen sind scheue Tiere. Sie haben kein Fell und sind glitschig. Sie fressen Fliegen und keine Lebewesen. Manche Echsen können auf Glas klettern.	Sie wohnt in Panama. Sie kann auf dem Wasser laufen. Sie hat ihren Namen, weil sie auf dem Wasser laufen kann. Sie hat einen Kamm.

- Gestalte ein Schaubild zum Text.
  Erkläre jemandem, worum es in dem Text geht.

Jesus-Christus-Echse

Lebensraum:
Panama
(zwischen Südamerika und Nordamerika),
lebt auf Bäumen

Aussehen:
Kriechtier mit vier Beinen,
grün, mit einem Kamm
auf dem Kopf

Besonderheit:
läuft aufrecht auf zwei Beinen übers Wasser,
wenn sie vor Feinden flieht

Herkunft des Namens:
benannt nach Jesus Christus,
der über das Wasser lief

- Beschreibe und begründe, welche Lese-Tipps
  für dich bei diesem Text besonders hilfreich waren.

Das hilft dir, verschiedene Textarten zu erkennen

Märchen sind Erzählungen, die oft schon sehr alt sind. Früher hat man sie mündlich weitererzählt.
Daran kannst du Märchen erkennen:
- Oft beginnen Märchen mit Es war einmal … und enden mit … und wenn sie nicht gestorben sind …
- Häufig gibt es darin Sprüche:
  Rapunzel, Rapunzel, lass dein Haar herunter!
  Spieglein, Spieglein an der Wand …
- In Märchen gibt es oft Zauberwesen, Riesen und Zwerge und sprechende Tiere oder besondere Gegenstände.
- Durch Wünschen oder Zaubern passieren oft unmögliche Dinge oder Verwandlungen.
- Oft spielen die Zahlen 3, 7 oder 13 eine wichtige Rolle.
- Die Helden oder Heldinnen in Märchen müssen oft Aufgaben lösen oder Prüfungen bestehen.
- Oft gehen die Märchen gut aus.

Welche Märchen kennst du? Was ist anders an den Märchen im Lesebuch?

Berichte informieren über etwas, das passiert ist, oder über etwas, das jemand erlebt hat.
- Berichte geben immer Antworten auf W-Fragen.
- Berichte sind sachlich geschrieben.
- Berichte stehen in Zeitungen und Zeitschriften.

Wer? Wo?
Was? Wann?
Wie? Warum?

Suche einen Bericht in einer Kinderzeitschrift.
Nutze die W-Fragen und erkläre der Gruppe, was du erfahren hast.

Lesestrategien

Ich – Du – Wir

Anna, genannt Humpelhexe

Sieben Hasensprünge hinter dem Ende der Welt, in einem Wald, wo die Kiefern weiße Blätter und Birken schwarze Nadeln tragen, liegt heute noch eine Hexenschule.
5 In diese Hexenschule ging auch Anna Humpelbein.

Eigentlich hieß sie ja nur Anna, aber weil ihr rechtes Bein länger als das linke und ihr linkes Bein kürzer als das rechte war,
10 nannten sie ihre Mitschüler und Lehrer eben Anna Humpelbein.

Dieser Name verdross das Hexenmädchen, und noch mehr verdross sie, dass die gleichbeinigen Hexenkinder sie wegen ihres Humpelns verspotteten.

Am meisten aber ärgerte sie sich, dass auch ihre Mutter, die berühmte Hexe Rapunzel, ihr riet, zum Hexendoktor zu gehen und sich das ein wenig längere Bein ein wenig kürzer hobeln zu lassen.

„Es tut gar nicht weh", sagte die Hexe Rapunzel. „Ich gebe dir einen Zauber mit, da wirst du schlafen und etwas Liebliches träumen, vom schwarzen Wildschwein oder so. Und wenn du aufwachst, hast du zwei gleiche Beine, wie die anderen Hexenkinder auch."

Aber Anna wollte nicht.
„Es ist mein Bein", sagte sie, „davon geb ich nichts her, das ist alles Anna. Ich habe nun mal zwei verschiedene Beine, da muss ich eben was daraus machen. Diese Gleichbeiner mögen ruhig spotten. Am besten lacht, wer zuletzt lacht!"

Text: Franz Fühmann
Bilder: Jacky Gleich

Wie kann die Geschichte weitergehen? Betrachte auch die Bilder.

Der Neue

Rollen: Erzähler, Betül, Lian, Tim, Schulglocke, Frau Kolde, Harry

Erzähler: Es ist große Pause. Betül hat wichtige Neuigkeiten.

Betül: Gleich kommt ein Neuer zu uns. Er ist ganz klein und total dick!

Lian: Woher weißt du das?

Betül: Aus dem Lehrerzimmer. Die Tür stand offen. Frau Kolde hat mit dem Direktor über ihn gesprochen.

Tim: Du meinst unsere Klassenlehrerin Frau Kolde?

Betül: Ja, und ich hab noch viel mehr gehört.

Tim: Her damit.

Betül: Der Neue kommt nur zu Besuch! Seine Nase ist platt wie ein Brett. Wie er auf uns reagiert, ist nicht sicher. Aber gefährlich ist er nicht.

Lian: Wieso sollte ein neuer Schüler auch gefährlich sein?

Betül: Weiß ich auch nicht. Und wisst ihr was? Da ist etwas, das ist noch seltsamer …

Textwerkstatt

Lian: Nun sag schon!

Betül: Der Neue soll sich kuschelig anfühlen.

Tim: KUSCHELIG?!

Betül: Jawohl. Weich wie eine Schmusedecke. Hat Frau Kolde selbst gesagt.

Lian: Vielleicht ist der Neue ein Zirkusclown. Ein Clown mit einem Kuschelfell!

Tim: Oder ein Boxerkind mit einer Schmusedecke!

Schulglocke: DRRRIIINNG!

Erzähler: Die Kinder stürmen ins Klassenzimmer. Alle starren auf die Tür. Kurz darauf tritt Frau Kolde ein. Es ist ganz still in der Klasse. Dann schnauft jemand laut. Er ist ganz klein und total dick und seine Nase ist platt. Trotzdem sieht er so kuschelig aus wie eine Schmusedecke.

Frau Kolde: Hallo Kinder! Das ist Harry, mein Mops.

Harry: Wauwauuuu.

nach Martin Klein

Übt eure Rolle und nehmt den Text als Hörspiel auf.

Das Sams in der Schule

*Herr Taschenbier findet, dass auch ein Sams in die Schule gehen sollte.
Als das Sams sich sträubt, wünscht es sich Herr Taschenbier einfach.*

„Schule, bäh", sagte das Sams und streckte seine Zunge bis zum Kinn heraus.
„Du brauchst gar nicht die Zunge herauszustrecken", verwies es Herr Taschenbier. „Die Schule würde dir ganz gut tun. Da lernt man, wann man singen darf und wann nicht."
„Ich singe, wenn ich will", erklärte das Sams. „Und wenn ich nicht will, dann singe ich nicht. So ist es richtig, weil es mir so gefällt."
„Ich wünsche, du würdest mal eine Schulstunde mitmachen. Dann würdest du anders reden!"
„So ein blöder Wunsch, so ein strohblöder Wunsch!", schimpfte das Sams, zog sich an, machte sich fertig und raste in die Schule.
Als Herr Studienrat Groll in die Klasse kam, herrschte dort große Aufregung.
„Ruhe!", donnerte er und schlug mit dem Buch auf die erste Bank.
Schlagartig verstummten alle Schüler, rannten zu ihren Plätzen und stellten sich auf.
„Was soll der Lärm?", fragte er barsch.
„Da ist ein Neuer!", sagte ein Schüler.
„Der sieht so komisch aus", meinte ein anderer.
„Er hat einen Anzug wie ein Froschmann", rief ein dritter.
„Und das ganze Gesicht voller Tintenflecken", fügte ein vierter hinzu.
„Ruhe!", schrie Herr Groll noch einmal. „Redet doch nicht alle durcheinander!"
Streng sah er von einem Schüler zum anderen, ging durch den Mittelgang nach hinten, drehte sich ruckartig um, kam langsam wieder nach vorn, setzte sich hinter sein Pult und legte seine Bücher vor sich hin.
„Setzen!", befahl er dann und die Schüler setzten sich aufatmend nieder.
Jetzt wandte er sich dem Neuen zu.
Der hatte während der ganzen Zeit seelenruhig in der ersten Bank gesessen.

> Was für ein Typ ist das Sams?
> Wie würdest du es beschreiben?

> 🙂 Das kenne ich schon: einen Kinderbuchhelden

„Wie heißt du?", fragte der Lehrer.
„Robinson", sagte der neue Schüler
und lachte. Es war natürlich das Sams.
„Du sollst hier nicht lachen!",
befahl Herr Studienrat Groll und
runzelte die Stirn.
„Warum nicht?", fragte das Sams.
„Weil man hier nicht lacht",
erklärte Herr Groll.
„Doch, man lacht hier",
stellte das Sams richtig.
„Schau her!" Und es lachte, dass sein
Mund von einem Ohr zum anderen zu
reichen schien. Die Kinder lachten mit,
so ansteckend wirkte das.
„Ruhe!", schrie Groll wütend.
„Außerdem sagt man nicht du zu mir.
Das solltest du in dem Alter längst
wissen."
„Wie denn dann?", fragte das Sams
erstaunt.
„Du sagst Sie zu mir, verstanden!",
erklärte er.
„Sie?", fragte das Sams verblüfft.
„Bist du denn eine Frau?"
„Lümmel", schimpfte Herr Groll.
„Mich als Frau zu bezeichnen, so
eine Frechheit!"
„Ist eine Frau denn etwas Schlimmes?",
fragte das Sams.
„Nein, natürlich nicht", lenkte Herr
Groll ein.

„Warum schimpfst du dann?",
fragte das Sams.
„Sie!", verbesserte Herr Groll
aufgebracht.
„Sie schimpft?", fragte das Sams
und schaute sich um. „Ich kann sie
gar nicht sehen."
„Wen?"
„Die Frau, die schimpft."
„Wer hat denn was von einer Frau
gesagt?"
„Du", erklärte das Sams.
„Sie!", verbesserte Herr Groll erregt.
„Schon wieder sie. Das scheint
aber eine freche Frau zu sein.
Überall mischt sie sich ein."
„Hör jetzt endlich auf, von deiner
Frau zu faseln", schrie Herr Groll.
„Das ist nicht meine Frau", sagte
das Sams. „Ich bin nicht verheiratet.
Ich bin viel zu jung, um ..."
„Ruhe", brüllte der Studienrat
dazwischen.
„Meinst du mich?", fragte das Sams.
„Sie!", verbesserte Herr Groll gereizt.
„Ach so, die Frau", sagte das Sams
verstehend.

Text und Bilder: Paul Maar

> Kennst du Pippi Langstrumpf,
> Pumuckl und Michel aus Lönneberga?
> Was haben diese Figuren gemeinsam?

Deutsch ist schwer

Deutsch ist schwer.
Das kann ich beweisen,
bitte sehr!
Herr Maus heißt zum Beispiel Mäuserich.
5 Herr Laus aber keineswegs Läuserich.
Herr Ziege heißt Bock,
aber Herr Fliege nicht Flock.
Frau Hahn heißt Henne,
aber Frau Schwan nicht Schwenne.
10 Frau Pferd heißt Stute,
Frau Truthahn Pute,
und vom Schwein die Frau
heißt Sau.
Und die Kleinen sind Ferkel.
15 Ob ich mir das merkel?
Und Herr Kuh ist gar ein doppeltes Tier,
heißt Ochs oder Stier,
und alle zusammen sind Rinder.
Aber die Kinder
20 sind Kälber!
Na, bitte sehr,
sagt doch selber:
Ist Deutsch nicht schwer?

Mira Lobe

Wie viele Tiere gibt es hier?

Das Bauchweh

Einmal hab ich Bauchweh gehabt. Das Bauchweh war die Arbeit, die wir an dem Tag, an dem ich Bauchweh bekam, schreiben sollten. Als ich morgens aufwachte, hatte ich schon ein leises Grummeln im Magen.

"Ich habe Bauchweh", habe ich zu meiner Mutter gesagt.
"Schreibst du eine Arbeit heute?", hat sie mich gefragt.
Ich kann nicht lügen, höchstens mal ein bisschen flunkern.
Aber dann kriege ich auch schon wieder Bauchweh.
"Ja, aber ich habe wirklich Bauchweh!", habe ich zu meiner Mutter gesagt. Da hat sie mir eine Entschuldigung geschrieben. Ich bin nicht zur Schule gegangen. Mutter hat gesagt, dass ich zu Hause bleiben soll, und sie hat mir eine Suppe gemacht und mit mir geübt.
Als ich am nächsten Morgen zur Schule gegangen bin, hab ich kein Bauchweh mehr gehabt. Der Lehrer war auch krank gewesen. Dann hat er die Arbeit mit uns allen nachgeschrieben und ich habe nur wenige Fehler gemacht.
Seitdem hab ich kein Bauchweh mehr vor einer Arbeit. Mutter sagt, auch Bauchweh muss man mal haben. Man muss nur wissen, warum.

Nasrin Siege

Rezepte gegen Bauchweh*

Ein bisschen mit Mama oder Papa kuscheln.
Eine Geschichte vorgelesen bekommen.
Das Schmusetier drücken.
Ein Bilderbuch anschauen.
Draußen mit Freunden toben.
Jemand sagt: Ich mag dich!

Was hilft dir gegen solches Bauchweh?

* wirken auch gegen Streit, traurig sein, Heimweh …

Vertrauen schenken

Die Sommerferien sind vorbei. | In der ganzen Schule | riecht es nach Putzmitteln | und frischer Farbe. | Die Schüler laufen und rufen aufgeregt durcheinander; | sie suchen ihre neuen Klassenzimmer. |
Die 3 b hat ihres im Erdgeschoss hinten rechts. |

5 Dort warten die Mädchen und Jungen gespannt | auf ihre neue Lehrerin. |
„Guten Morgen, Kinder", | grüßt sie freundlich, | als sie hereinkommt. |
„Guten Morgen, Frau Zeller", | antwortet die Klasse. |
„Wir haben es also in diesem Schuljahr miteinander zu tun", | sagt Frau Zeller. |
„Ich hoffe, | dass wir gut miteinander auskommen." |

10 Dann erzählt sie von sich, | fragt die Kinder dies und das, | teilt Bücher und Arbeitshefte aus, | schreibt den Stundenplan an die Tafel | und so weiter. |
Nachdem alles erledigt ist, sagt sie: | „So, jetzt fehlt uns doch etwas ganz Wichtiges." |
„Die Namensschilder", | ruft Axel. |
„Nein, viel wichtiger: | ein Klassensprecher." |

15 „Daniel ist doch unser Klassensprecher", | ruft Anne. |
„Der wollte ja immer nur alleine bestimmen." | Markus schüttelt den Kopf. |
„Den will ich nicht mehr." |
„Du willst ja bloß selber Klassensprecher werden", | sagt Daniels Freund Tobias. |
„Aber dazu fehlt es dir hier." Tobias tippt sich an die Stirn. | „Du bist ein ..." |

20 „Halt, halt!", | ruft Frau Zeller dazwischen. | „So hat das keinen Zweck. |
Mit Vorwürfen und Streit | kommen wir nicht weiter. | Ihr solltet erst mal in Ruhe überlegen, | was ihr von eurem Klassensprecher erwartet. |
Und ich notiere alles an der Tafel." |
Frau Zeller kann kaum | schnell genug schreiben. „Sonst noch etwas?", |
25 fragt sie, | nachdem alle Schülermeinungen an der Tafel stehen. |

Er darf nicht nur an sich selber denken.
Er muss gut reden können.
Er soll nett sein.
Er darf nicht frech sein.
Er darf nicht dumm sein.
Er muss tun, was die Klasse will.
Er darf kein Angeber sein.

S. 170 Textwerkstatt

Daniela hebt die Hand. | Frau Zeller nickt ihr zu. |
„Sie haben immer „Er" geschrieben. | Aber ein Mädchen |
kann doch auch Klassensprecherin sein." |
„Natürlich, | da hast du Recht." |
30 Sofort schreibt Frau Zeller vor jedes „Er" ein „Sie". |
„Daran hab ich gar nicht gedacht. | Für mich war das ganz selbstverständlich." |
Ein paar Jungen tuscheln miteinander. |
Frau Zeller räuspert sich. | „Möchtet ihr noch etwas dazu sagen?" |
Die Jungen werden verlegen | und schütteln schnell die Köpfe. |
35 „Dann habe ich noch einen Punkt", | sagt Frau Zeller. |
Man muss ihm oder ihr vertrauen können, | schreibt sie an die Tafel. |
„Die wählen doch alle nur ihre Freunde", | sagt Axel. |
„Dich wählt jedenfalls keiner", | ruft Tobias. |
„Sei nicht so vorlaut", | sagt Frau Zeller. | Und zu den andern: |
40 „Lest bitte alles noch einmal genau durch | und überlegt dabei, |
ob wir davon etwas streichen können." |
„‚Er soll nett sein' könnte weg", | schlägt Petra vor. |
„Einverstanden?", | fragt Frau Zeller die Klasse. |
Die meisten nicken. |
45 Alles andere möchte die Klasse stehen lassen. |
„Also dann", | sagt Frau Zeller: | „Ihr kennt einander ja gut. |
Das ist die Voraussetzung | für eine sinnvolle Wahl. |
Und bevor ihr wählt, | solltet ihr euch fragen: |
Wer entspricht am meisten dem, | was an der Tafel steht? |
50 Wem möchte ich | mein Vertrauen schenken?" |

Manfred Mai

Vor der Abstimmung hat die Klasse festgelegt, welche Eigenschaften besonders wichtig sind. Jedes Kind durfte 3 Punkte vergeben.

nicht nur an sich denken	20 Punkte
ihm / ihr vertrauen	16 Punkte
nicht dumm	10 Punkte
tun, was die Klasse will	8 Punkte
kein Angeber	5 Punkte
gut reden	4 Punkte

Du bist da, und ich bin hier

Du bist da,
    und ich bin hier.
Du bist Pflanze,
    ich bin Tier.
5 Du bist Riese,
    ich bin Zwerg.
Du bist Tal,
    und ich bin Berg.
Du bist leicht,
10   und ich bin schwer.
Du bist voll,
    und ich bin leer.
Du bist einsam,
    ich allein.
15 Komm, wir wollen Freunde sein.

Frantz Wittkamp

Wie könnt ihr dieses Gedicht zu zweit vorlesen? Probiert es aus.

Wann Freunde wichtig sind

Freunde sind wichtig zum Sandburgenbauen.
Freunde sind wichtig, wenn andre dich hauen.
Freunde sind wichtig zum Schneckenhaussuchen.
Freunde sind wichtig zum Essen von Kuchen.
Vormittags, abends, im Freien, im Zimmer …
Wann Freunde wichtig sind? Eigentlich immer!

Georg Bydlinski

Erste Hilfe – üben für den Ernstfall

In der Schule von Maja werden acht- bis zehnjährige Kinder
als Juniorhelfer ausgebildet.
An verschiedenen Stationen müssen sie unterschiedliche
Verletzungen behandeln.

5 **Station 3:** Blut fließt. Ein Fahrradfahrer ist mit einer Fußgängerin
zusammengestoßen. Beide haben sich an Knien und Armen verletzt.
Um sie herum stehen etwa 10 Kinder und überlegen, wie sie am besten
Erste Hilfe leisten können. Das Blut ist allerdings nur Theaterblut
und die Verletzungen der beiden Kinder sind nur vorgetäuscht.

10 Auf dem Sportplatz der Grundschule findet der „Tag des Schulsanitätsdienstes"
statt. In einem Stationenlauf durch Schulhaus und Sportplatz verarzten
die ausgebildeten oder angehenden Juniorhelfer gestellte Unfallverletzungen
wie Platzwunden am Kopf, Schürfwunden am Knie oder einen gebrochenen
Unterarm und beantworten Fragen rund um Erste Hilfe und gesunde Ernährung.
15 So können sie selbst ihre Kenntnisse überprüfen. Im Schulsanitätsdienst dann
wenden sie das Gelernte an: Zum Beispiel übernehmen jeweils zwei Kinder
den Dienst auf dem Pausenhof und leisten Hilfestellung bei Verletzungen.

In diesem Juniorhelfer-Kurs lernen
die Kinder einfache Wundversorgung,
20 Hilfeleistung bei Verbrennungen
und Knochenbrüchen, das Absetzen
eines Notrufs und die stabile Seitenlage
bei Bewusstlosigkeit.
Dabei hat sich immer wieder gezeigt,
25 dass bereits Kinder in der Lage sind,
in lebensbedrohlichen Situationen Hilfe
zu leisten.

> Habt ihr einen Schulsanitätsdienst? Wenn nicht: Besprecht, wie ihr einen Schulsanitätsdienst an eurer Schule aufbauen könnt. Sucht im Internet nach Informationen dazu.

Herbst

Zehn Blätter fliegen davon

Zehn Blätter sind am Zweig
einer Weide gewachsen.
Doch jetzt sitzen sie schon ganz lose,
denn es ist Herbst geworden.

5 Da kommt ein Sturmwind.
Er reißt die Blätter vom Zweig und trägt sie fort.

Ein Blatt fällt in einen Bach.
Das ist die Rettung für eine Heuschrecke,
die auch ins Wasser gefallen ist.

10 Ein weiteres Blatt landet
auf einem Parkweg.
Eine Frau, die beim Spazieren
kein Papier dabeihat,
schreibt eine Telefonnummer
15 auf das Blatt.

Ein Blatt wird zum Segel eines schnellen Bootes.

Ein Blatt fällt zwischen dürre Zweige und Äste.
Eine Familie sammelt Holz
und macht ein Feuer, um Würste zu braten.
20 Dabei verbrennt auch das Blatt.

Ein Blatt fliegt nicht weit.
Es fällt auf den Boden, gleich unter der Weide.
Käfer und winzige Bodentiere knabbern an ihm.
Schließlich zieht ein Regenwurm das Blatt
25 in die Erde und frisst es auf.
Der Kot, den er später hinten aus sich
herausdrückt, ist Dünger für die Weide.

Text und Bilder: Anne Möller

Dieses Buch gibt es auch in anderen Sprachen.

Herzlich willkommen, Blätter!

Charles M. Schulz

Im Oktober

Der Ahorn hat ein Blatt verloren,
es flog von Weitem auf mich zu.
Ich fing's, das goldrote, gezackte,
und sagte zu ihm: Schön bist du!

Josef Guggenmos

Wie begrüßt du ein Blatt?

Septembermorgen

Im Nebel ruhet noch die Welt,
noch träumen Wald und Wiesen:
Bald siehst du, wenn der Schleier fällt,
den blauen Himmel unverstellt,
5 herbstkräftig die gedämpfte Welt
in warmem Golde fließen.

Eduard Mörike

Fragen im Oktober

Du siehst die Astern blühen.
Wie lange noch?
Laubwälder siehst du glühen.
Wie lange noch?
5 Du hörst leise die Meise singen.
Wie lange noch?
Du fragst bei allen Dingen:
Wie lange noch?
Nun rüste Haus und Schober!
10 Wie bange doch
fragt jeder im Oktober:
Wie lange noch?

James Krüss

Welches Gedicht gefällt dir am besten? Warum?

Herbst

Die Bäume brauchen ihr Laub nicht mehr.
Die kahlen Äste tragen jetzt
Vögel.

Georg Bydlinski

Schwammerl

> Was weißt du schon über Pilze?

Marie geht mit ihrem Opa im Wald spazieren. Unter einem Baum sieht sie einen schönen großen Pilz stehen. Sofort will sie ihn pflücken. „Weißt du, ob man diesen Schwammerl essen kann?", fragt der Opa sie. Marie versteht nicht, warum das jetzt schon eine Rolle spielen soll.
5 Sie kann doch später jemanden fragen, ob sie einen essbaren Pilz gefunden hat. Dass es auch giftige Pilze gibt, die man auf keinen Fall verspeisen kann, weiß sie natürlich selbst.
Doch ihr Opa ist da ganz anderer Meinung.
„Schwammerl haben im Wald eine wichtige Funktion. Man sollte sie nie
10 grundlos ausreißen. Am besten wir schauen uns zu Hause mal einen Pilzführer an. Darin erfährst du einiges über die verschiedenen Pilzarten."
Zu Hause liest sie:

Der Spätsommer ist die Zeit der Pilze. Dann erscheinen am Fuß der Waldbäume überall ihre Hüte. Entfernt man behutsam die Laubstreu um einen solchen Pilz, findet man feine, weiße Fäden am Boden. Meist sind sie dicht miteinander verflochten. Dieses unterirdische Pilzgeflecht ist der eigentliche Pilzkörper. Der oberirdische Teil des Pilzes, der Fruchtkörper, dient nur der Vermehrung. Häufig gliedert er sich in einen Hut und einen Stiel.

Grüner Knollenblätterpilz, giftig!
Kommt im Laubwald vor, meist unter Eichen, Hutoberseite hellgrün bis olivgrün, Lamellen stets weiß

Steinpilz, essbar
Kommt im Nadel- und Laubwald vor, Hut hellbraun bis schokoladenbraun, Röhren an der Hutunterseite

> Sammle weitere Informationen über Pilze.

Riese aus Mexiko

Die größten Lebewesen der Welt

Pilze sind die größten Lebewesen der Erde. Das Myzel – der Teil, der unter der Erde wächst – des größten Hallimasch-Pilzes bringt es auf 600 Tonnen! So viel wiegen etwa 100 afrikanische Elefanten. Solche Riesenpilze sind außerdem mehrere tausend Jahre alt. Sie können sich unter der Erde so weit ausbreiten, dass über ihnen 1200 Fußballfelder Platz hätten.

Was hast du Neues über Pilze erfahren?

Ameisen

Ameisen leben wie die verwandten Wespen und Bienen in Nestern oder Tierstaaten zusammen. Deswegen nennen wir sie auch soziale Insekten. Die weitaus meisten Ameisenarten legen ihre Nester im Boden an. Ein befruchtetes Weibchen, die Königin,
5 legt Eier und zieht daraus die ersten unfruchtbaren Weibchen heran, die Arbeiterinnen. Die Arbeiterinnen helfen dann der Königin bei der Aufzucht der nächsten Arbeiterinnen. Die Königin macht nichts anderes als Eier legen. Die Arbeiterinnen kümmern sich um das gesamte Nest: Sie pflegen die Eier und Larven, sammeln Nahrung,
10 bauen am Nest weiter und verteidigen es. Meist im Frühjahr legt die Königin besondere Eier, aus denen neue Königinnen sowie Männchen hervorgehen. Diese fruchtbaren Tiere schwärmen abends aus und paaren sich. Die Männchen gehen nach der Paarung zugrunde, die jungen Königinnen
15 gründen neue Nester.

Suche in einem Lexikon den Eintrag über Ameisen.

Herbst

Bei uns werden die meisten Früchte im Herbst geerntet:
Äpfel, Birnen, Haselnüsse, Pflaumen, Weintrauben
und viele mehr. Da ist es nur verständlich,
dass das Wort Herbst von dem Urwort Sker kommt,
5 von dem auch die Schere abstammt.
Der Herbst ist daher einfach die Erntezeit.
Das englische Wort für Ernte harvest klingt übrigens
fast wie Herbst.

Timo Brunke

> Sammelt weitere Wörter für Herbst aus den Sprachen eurer Klasse. Vergleicht die Schreibung und den Klang.

Der Fuchs und die Weintrauben

Der Fuchs sah an einem Weinstock reife Trauben
und hätte sie gern verzehrt; aber obwohl sie ihm
vor den Augen hingen, konnte er sie nicht erreichen.
Eine Maus hatte ihm zugesehen und sprach lächelnd:
5 „Davon bekommst du nichts!"
Der Fuchs wollte sich aber vor der Maus nicht
klein zeigen und meinte: „Sie sind mir noch zu sauer!"

Äsop

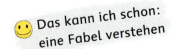
Das kann ich schon: eine Fabel verstehen

Herbstwind und Sonne

Herbst war's. Mal schien die Sonne, mal regnete es, mal blies ein kalter Wind. Gegen dies wechselhafte Wetter hatte sich ein Wanderer dick vermummt.

„Der hat sich gut vorgesehen", sagte der Wind, „aber er
5 hat nicht an mich gedacht! Wenn ich kräftig puste, hält kein Knopf, ja der ganze Mantel fliegt davon."
„Gut, wetten wir", sagte die Sonne. „Wer's von uns zweien zuerst schafft, dass der Wandersmann ohne Mantel geht, soll Sieger sein. Beginne du."

10 Der Wind bläht sich wie ein Ballon, schiebt Wolken vor die Sonne, pfeift, faucht und stürmt. Er packt den Mantel an Falten und Kragen, doch der Mann wickelt sich nur umso fester in ihn ein.
Ziegel krachen von den Dächern, Boote kentern,
15 Bäume stürzen – der Mantel hält.

Jetzt zerteilt die Sonne das schwarze Wolkenmeer, sie strahlt und wärmt.
Dem Wanderer in seinem schweren Mantel wird's zu heiß; er zieht ihn aus, noch ehe die Sonne ihre ganze Kraft
20 entfaltet hat.

So bewirkt Milde oft mehr als rohe Gewalt.

nach La Fontaine

Warum es keine Weihnachtslärche gibt

Alle Bäume: Herbst, was hast du uns mitgebracht?

Herbst: Mitgebracht?

Ahorn: Die andern haben uns
die herrlichsten Dinge geschenkt!

Eiche: Der Frühling hat uns allen
grüne Kleider gegeben!

Birnbaum, Kirschbaum, Pflaumenbaum:
Dazu hat er uns mit schneeweißen
Blüten überschüttet!

Kastanie: Mir hat er auf jeden Zweig
prächtige Blütenkerzen gesteckt!

Alle Bäume: Und der Sommer hat uns Früchte gegeben!

Pflaumenbaum: Mich hat er mit blauen Kugeln behängt!

Kirschbaum: Mich mit wunderhübschen roten!

Birnbaum, Apfelbaum:
Uns hat er große, saftige Früchte beschert!

Erzähler: Die Bäume konnten nicht genug
den Frühling und den Sommer loben.

Alle Bäume: Und du, Herbst, du nimmst uns die Früchte!
Und was gibst du uns dafür?

Rollen
Erzähler
Herbst
Winter
Wind
Birnbaum
Kirschbaum
Pflaumenbaum
Apfelbaum
Fichte
Kastanie
Birke
Lärche
Eiche
Tanne
Ahorn

Herbst:	Ich habe nichts mitgebracht. Ich kann euch nichts geben. Ihr habt eure grünen Kleider noch, seid zufrieden!
Alle Bäume:	Ach, unsere grünen Kleider.
Eiche:	An denen haben wir uns doch schon längst sattgesehen.
Birke:	Kannst du uns nicht wenigstens die Kleider färben?
Alle Bäume:	Ja, Herbst, du musst uns die Kleider färben!
Kirschbaum:	Ich wünsche mir ein rotes Kleid!
Eiche:	Ich ein braunes!
Tanne:	Ich ein violettes!
Lärche:	Ich ein ockerfarbenes!
Ahorn:	Ich ein buntes!
Herbst:	Ich würde euch gerne den Gefallen tun. Aber was würde der Winter dazu sagen? Alles Buntscheckige ist ihm verhasst.
Fichte:	Der Winter hat bestimmt nichts dagegen.
Herbst:	Wir können ihn ja fragen. Wind, lauf zum Winter und frag ihn.
Erzähler:	Und der Wind lief durch die Straßen der Dörfer und Städte. Keuchend kehrte er zurück.

Wind: Der Winter droht, allen Bäumen den Kragen umzudrehen, wenn er jeden in einem andersfarbigen Kleid vorfindet.

Erzähler: Die Bäume steckten die Köpfe zusammen. Schließlich machten sie dem Herbst einen Vorschlag.

Ahorn: Gib unsern Blättern und Nadeln schöne Farben! Wir werfen sie ab, ehe der Winter kommt.

Herbst: Dann steht ihr ja alle kahl da, wenn der Winter kommt. Ob er damit einverstanden sein wird? Lauf, Wind, und frage ihn!

Erzähler: Der Wind stöhnte. Noch einmal musste er den weiten Weg machen. Als er beim Winter ankam, erzählte er ihm alles.

Winter: Meinetwegen. Wenn den Bäumen so viel an bunten Kleidern gelegen ist, sollen sie ihre Freude haben! Aber ein Teil von ihnen muss grün bleiben. Wind, höre gut zu: Die Laubbäume können sich ihr Laub vom Herbst färben lassen. Die vier Nadelbäume aber müssen grün bleiben!

Erzähler: Der Wind nahm sich vor, die Botschaft genau auszurichten. Als er zurückkam, rief er sogleich:

Wind: Fichten, Tannen, Kiefern, Föhren, ihr vier habt mir zuzuhören! Bleibet grün, so wie ihr seid, grün, grün, grasgrün allezeit! Dieses muss ich euch berichten, Tannen, Kiefern, Föhren, Fichten!

Erzähler: Der Wind war überzeugt, seine Sache gut gemacht zu haben. Dann kam der Winter und sein Gesicht verfinsterte sich.
Die Lärche stand mit kahlen Zweigen da.
Unter ihr lagen ockerfarbene Nadeln verstreut.

Winter: Wind, was habe ich dir aufgetragen?

Wind: Aber, ich habe doch allen vier Nadelbäumen befohlen, der Fichte, der Tanne, der Kiefer, der Föhre …

Winter: Und was ist mit der Lärche?

Erzähler: Da ging dem Wind ein Licht auf:
Er hatte die Kiefer, die auch Föhre heißt, zweimal genannt und die Lärche vergessen.
Ja, hätte der Wind damals nicht diesen Fehler gemacht, könnten wir uns als Weihnachtsbaum eine Lärche ins Zimmer holen.

nach Josef Guggenmos

Natur entdecken: Pflanzen

Die Nichte in der Fichte

Da reitet meine Nichte
einfach auf die Fichte.

Wer hätte gedacht,
dass das Pferd so was macht?

5 „Ich erkenne mich selbst nicht mehr",
sagt es und lacht.

Was wollen die beiden so hoch in den Ästen?
Adventszweige schneiden? Die Höhenluft testen?
Nein, Baumzapfen ernten; die sollen so schön
10 geheimnisvoll knistern, wenn die Schuppen aufgehn.
Zum Trocknen und Reifen, so hörte das Pferd,
da legt man die Zapfen zu Haus auf den Herd.

Oh! – Ob meine Nichte mir, falls es gelingt,
wohl auch einen Zapfen zum Knistern mitbringt?
15 Das Pferd steht am Stamm und ist mucksmäuschenstill,
klar, weil es die Nichte nicht ablenken will.

Sie kraxelt im Astwerk und strengt sich sehr an,
damit sie die Zapfen vom Baum holen kann.

So sehr meine Nichte auch rüttelt und zupft,
20 sie kriegt keinen Zapfen heruntergerupft.
So sehr sie auch zappelt im Fichtengeäst:
Es fallen nur Nadeln, die Zapfen sind fest.

„So leid es mir tut, Pferd, ich schaffe es nicht!"
Das Pferd macht ein ziemlich enttäuschtes Gesicht.
25 Mit Nadeln gespickt und mit hängendem Ohr
bereiten die zwei nun den Baum-Abstieg vor.
So kommen sie schließlich mit sorgsamen Schritten
den Fichtenstamm wieder heruntergeritten.

„Die Hauptsache ist doch: Wir haben's probiert!"
30 Worauf man noch mal um den Baum galoppiert.
Galopper, galopper, galopper, galopp.
Da rauscht es von oben und macht einmal „plopp".

Wir schauen und staunen und glauben es kaum:
Ein Zapfen liegt dort als Geschenk von dem Baum!
35 Das Pferd hebt mit ganz sanften Lippen ihn auf
und reicht ihn der strahlenden Nichte hinauf.

Text und Bilder: Christiane Pieper

Zapfen untersuchen

Suche im Herbst oder Winter nach einer Stelle, wo Fichten oder Kiefern stehen. Diese erkennst du an den spitzen Nadeln und den herabhängenden Tannenzapfen.

5 Halte am Boden nach angefressenen Zapfen Ausschau. Unter den Schuppen der Fichten- und Kiefernzapfen liegen die Samen, die von Eichhörnchen, Mäusen und Spechten gefressen werden. Jedes dieser Tiere hat seine eigene Technik.

10 **Eichhörnchen** reißen die Schuppen ab, sodass du am Zapfen nur noch kurze Fasern entdecken kannst.

Mäuse nagen jede Schuppe einzeln ab und lassen nur die innere Spindel des Zapfens stehen.

Spechte hacken die harten Schuppen auf und hinterlassen einen ziemlich zerrupften Zapfen.

Bärbel Oftring

Zapfen-Experiment

Binde einen Zwirnfaden an einen großen Fichtenzapfen.
Hänge ihn auf den Balkon oder die Terrasse.
Beobachte deinen Zapfen:
Was passiert bei warmem Wetter?
Wie sieht der Zapfen aus, wenn es feucht ist?

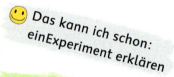

🙂 Das kann ich schon: ein Experiment erklären

Notiere die Beobachtung in dein Lerntagebuch. Vergleiche mit den Beobachtungen der anderen Kinder. Findet ihr heraus, warum das so ist?

Die Lebensgeschichte des Baumes

Wenn du in den Wald gehst, kannst du frisch abgesägte Bäume und Baumstümpfe finden. Darauf sind die „Jahresringe" zu erkennen. Wenn du sie zählst, kannst du das Alter des Baumes ganz genau feststellen. Denn jeder Ring entspricht einem Jahr. Wie sich diese seltsamen Ringe bilden? Das ist ganz einfach! Jeder Baum wächst nicht nur in die Höhe, sondern auch in die Breite. Er wird dicker. Er legt jedes Jahr einen neuen „Gürtel" Holz um seinen Stamm herum an. Im Frühling und Sommer wächst der Baum schnell und das Holz ist deshalb sehr hell. Im Herbst dagegen wächst er nur langsam. Das ergibt dunkleres Holz. Die dunkleren Ringe auf deinem Baumstumpf sind also Herbstholz. Von dunklem Ring zu dunklem Ring, von Herbst zu Herbst, verging genau ein Jahr im Leben des Baumes.

Vielleicht ist dir schon aufgefallen, dass die Ringe auf Baumstümpfen oder Stämmen unterschiedlich groß sind. Daran kann man ablesen, wie es dem Baum in seinem Leben ergangen ist. Jeder Baum hat in seinen Stamm sozusagen seinen Lebenslauf geschrieben. Ein gutes Wachstumsjahr war, wenn die Ringe gleichmäßig sind. Ein besonders gutes, wenn sie breiter sind. Der Baum hatte in diesem Jahr sehr viel Sonne, Wasser und Nährstoffe. Deshalb konnte er besonders gut wachsen. Schmale Ringe dagegen erzählen dir von schlechten Jahren. Da war es zum Beispiel sehr trocken oder der Baum wurde von Schädlingen befallen und war krank.

Was erfährst du in diesem Text über Jahresringe? Finde die wichtigen Wörter und notiere sie in dein Lerntagebuch.

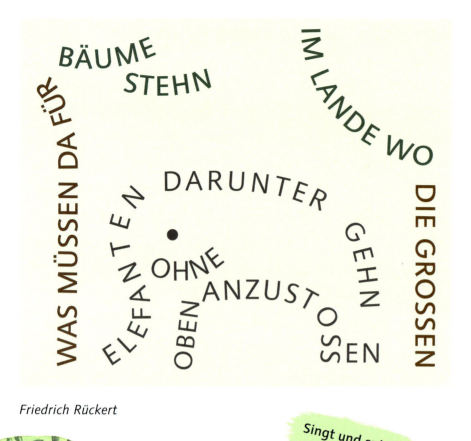

WAS MÜSSEN DA FÜR BÄUME STEHN IM LANDE WO DIE GROSSEN ELEFANTEN DARUNTER GEHN OHNE OBEN ANZUSTOSSEN

Friedrich Rückert

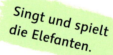

Singt und spielt die Elefanten.

Bäume

Bäume
Baumkronen
Blätterdach
Rindestreicheln
5 Astwiegen
Zweigversteck
Stammgebirge
Holzhöhe
Gipfelblick
10 Gabelsitz
Nestgehege
Grünhorizont
Waldwebe
Holzdom
15 Sonnenfänger
Windorchester
Frischluftspender
Lebensbaum
Bäume

Frieder Stöckle

So einer bin ich

Ich schrie nicht: Platz da! Verzieh dich!
Ich blieb vergnügt und stumm.
Ein Baum stand mir im Wege.
Ich ging um ihn herum.

Josef Guggenmos

Was wäre, wenn es keinen Wald mehr gäbe?

Dann würden viele von euch beim Mittagessen wahrscheinlich auf dem Boden sitzen. Denn Stühle und Tische sind oft aus Holz. Es würde ins Haus hineinregnen, denn auch
5 der Dachstuhl, viele Fensterrahmen und Türen bestehen aus Holz. Es gibt auch Dinge, denen man auf den ersten Blick nicht ansieht, dass sie aus Holz sind: Hefte, Malblöcke, Bücher und Tapeten sind aus Papier, und das wird aus Holz hergestellt. Aus der Rinde von Bäumen werden Korken gemacht und aus Baumharz
10 Klebstoffe und Farben.
Der Wald leistet aber noch viel mehr: Er gleicht die Temperaturen aus, und sein Boden reinigt und speichert das Wasser. Im Wald kann man sich natürlich auch erholen, spazieren gehen, Pilze und Beeren sammeln und spielen.
15 Gäbe es keinen Wald mehr, dann hätten viele Tiere kein Futter und keinen Ort zum Leben. Aber das ist noch nicht das Schlimmste: Ohne Pflanzen würde allen Lebewesen der Sauerstoff zum Atmen ausgehen. Der Wald ist also überlebenswichtig für uns.

Daniela Nase

> Lies zuerst die Überschrift. Schreibe auf, was du dazu meinst. Vergleiche mit anderen Kindern.

> Was sagst du nun zu der Frage? Vergleiche mit deiner Meinung vor dem Lesen.

Der Baum

Zu fällen einen schönen Baum,
braucht's eine Viertelstunde kaum.
Zu wachsen, bis man ihn bewundert,
braucht er, bedenkt es, ein Jahrhundert.

Eugen Roth

Der alte Mann und die Apfelbäumchen

Ein alter Mann pflanzte kleine Apfelbäumchen.
Da lachten die Leute und sagten zu ihm:
„Warum pflanzt du diese Bäume? Viele Jahre
werden vergehen, bis sie Früchte tragen,
5 und du selbst wirst von diesen Bäumen
keine Äpfel mehr essen können."
Da antwortete der Alte:
„Ich selbst werde keine ernten. Aber wenn
nach vielen Jahren andere die Äpfel
10 von diesen Bäumen essen, werden sie mir
dankbar sein."

Leo Tolstoi

> Trage den Text so vor, dass man die Freude des Mannes hört.

Apfelkantate

Der Apfel ist nicht gleich am Baum.
Da war erst lauter Blüte.
Da war erst lauter Blütenschaum.
Da war erst lauter Frühlingstraum
5 und lauter Lieb und Güte.

Da waren Blätter, grün an grün
und grün an grün nur Blätter.
Die Amsel nach des Tages Mühn,
sie sang ihr Abendlied gar kühn.
10 Und auch bei Regenwetter.

Der Herbst, der macht die Blätter steif.
Der Sommer muss sich packen.
Hei, dass ich auf dem Finger pfeif:
Da sind die ersten Äpfel reif
15 und haben rote Backen!

Und was bei Sonn und Himmel war,
erquickt nun Mund und Magen
und macht die Augen hell und klar,
so rundet sich das Apfeljahr.
20 Und mehr ist nicht zu sagen.

Hermann Claudius

Das leichte Brot

Ein Bauer arbeitete einmal auf seinem Acker. Mittags machte er eine Pause. Er nahm ein Stück Brot und aß. Ein Wolf sah
5 den Bauern essen, lief hin und fragte: „Was isst du da?"

„Brot", antwortete der Bauer. „Lässt du mich einmal probieren?", fragte der Wolf. Der Bauer brach
10 ein Stück Brot ab und gab es dem Wolf. Dem Wolf schmeckte es sehr gut.
„Ich möchte jeden Tag Brot essen", meinte er. „Wo kann ich es
15 bekommen?"

Der Bauer antwortete: „Also, pass auf: Zuerst musst du die Erde pflügen ..."
„Und in der Erde finde ich
20 das Brot?", fragte der Wolf.

„Nein, nein! Dann musst du erst einmal das Korn säen ...", sagte der Bauer.
„Und dann kann man Brot essen?",
25 fragte der Wolf.

„Aber nein, noch nicht. Jetzt musst du warten. Das Getreide wächst, dann blüht es, dann bilden sich die Ähren und es muss reif werden ..."
30 „Ach, das dauert lange", sagte der Wolf. „Aber jetzt kann ich genug Brot kriegen?"

„Nein. Jetzt musst du das Getreide mähen und dreschen. Die Körner
35 bringst du zur Mühle. Dort werden sie zu Mehl gemahlen ..."
„Aber jetzt ist das Brot fertig!", sagte der Wolf.

„Nein, immer noch nicht. Jetzt musst du aus dem Mehl einen Teig anrühren. Aus dem Teig formst du Brote und backst sie im Backofen."
„Und dann kann ich Brot essen?"
„Ja, dann kannst du so viel Brot essen, wie du willst."

Der Wolf dachte lange nach.
„Nein, ich will leichteres Brot essen", sagte der Wolf nach einer Weile und machte sich auf die Suche.

Auf einmal sah er eine Herde Schafe. Der Wolf packte den größten Schafbock und sagte:
„Jetzt fress ich dich."
„Dann will ich es dir leicht machen", sagte der Schafbock. „Bleib hier stehen und reiß dein Maul weit auf. Ich nehme Anlauf und springe dir direkt hinein."

„Danke", sagte der Wolf.
„So machen wir's."
Er riss sein Maul auf und wartete. Der Schafbock rannte los und knallte mit seinen Hörnern dem Wolf gegen den Kopf. Der Wolf fiel um, und der Schafbock machte sich aus dem Staub.

Der Wolf kam wieder zu sich. Benommen fragte er:
„Hab ich den Schafbock nun gefressen oder nicht?"
Da kam gerade der Bauer vorbei und sagte:
„Gefressen hast du gar nichts. Aber du hast das leichte Brot probiert."

russische Fabel

Unglaubliche Geschichten

Baron Münchhausens abenteuerliche Geschichte

Mit der Wahrheit nimmt er es nicht so genau, der Baron Münchhausen. An einem gemütlichen Abend sitzt er mit Freunden zusammen und erzählt aus seinem Leben – von äußerst merkwürdigen
5 *Jagderlebnissen, unglaublichen Schifffahrten, von Reisen auf den Mond und vielem mehr.*

Einmal kam der Baron bei einer wilden Hetzjagd quer durch den Wald an einen Sumpf, der ihm auf den ersten Blick nicht sehr breit erschien. Er gab seinem Pferd die Sporen
10 und ließ es zum Sprung ansetzen, merkte jedoch viel zu spät, dass der Sumpf allem Anschein nach doch wesentlich breiter war, als er gedacht hatte. Kurzerhand wendete er sein Pferd mitten in der Luft und landete wieder da, wo er abgesprungen war.

„Wäre doch gelacht, wenn ich den Sprung nicht schaffe!",
15 sagte er zu sich. Er ließ sein Pferd einen größeren Anlauf nehmen und versuchte es ein zweites Mal. Doch auch jetzt war ihm das Glück nicht hold. Er war wieder zu kurz gesprungen und stürzte nicht weit vom anderen Ufer mitten in den Morast, in dem er bis zum Halse versank.

*Unglaublich?
Was könnte wahr sein?
Was ist gelogen?
Besprecht in der Gruppe.*

20 Schon fühlte der Baron sein Ende nahen. Doch dann besann er sich auf seine Bärenkräfte, die ihn noch längst nicht verlassen hatten! Beherzt griff er mit einer Hand nach seinem Zopf und packte hart zu, um sich an seinem eigenen Haarschopf wieder aus dem Morast herauszuziehen. Sein treues Pferd wollte er natürlich nicht zurücklassen
25 und da schlang er seine Knie so fest um den Leib des Tieres, dass er es gleich mit herauszog. So konnten sie ihren Ritt unversehrt fortsetzen.

*Text: Gottfried August Bürger
Bilder: Cornelia Haas*

Kennst du die Redewendung?

Den Freiherrn von Münchhausen hat es wirklich gegeben. Er lebte vor ungefähr 250 Jahren in Bodenwerder. Gottfried August Bürger hatte damals die unglaublichen Geschichten in einem Buch gesammelt, zum Beispiel die Geschichte vom Ritt auf der Kanonenkugel.

Kwatsch

Es geschah letzten Dienstag, morgens um 8:37 Uhr: Julius P. Kwatsch war mal wieder zu spät zur Schule gekommen.
„Das war's!", sagte Frau Bachstälze. „Jetzt blüht dir lebenslanges Nachsitzen … es sei denn, du hast eine überzeugende und
5 glaubwürdige Erklärung."
„Ich wär ja pünktlich gewesen", sagte Julius. „Aber …

Ich hatte meinen treuen Zimulis verlegt. Dann fand ich … äh … ihn auf meinem Deski. Aber jemand hatte mein Deski auf einen Torakku geladen. Der Torakku fuhr zwar Richtung Szkola,
10 aber brauste geradewegs daran vorbei. Ich schnappte mir meinen Zimulis und sprang raus. Aber … ich landete – rums! – mitten auf einer Razzo-Abschuss-Rampe. Ich öffnete die Notausgangs-Pordo mit meinem Zimulis. Doch wie sich herausstellte, war das die Pordo zu einer gerade abhebenden
15 Razzo.

Ich landete auf dem Planeten Astrosus. Ich unterhielt die Astro-Typen mit meinen witzigen Piksas. Doch sie waren der Meinung, dass meine Piksas und ich ein schmackhaftes Mahl abgeben würden. Ich vereitelte ihren gemeinen Plan, indem ich ihre Blassa
20 mit meinem Zimulis verstopfte. Aber dann beschlossen sie, mich in einer flassenden Unterfliege zurückzuschicken.

„Julius P. Kwatsch", sagte Frau Bachstälze. „Das ist unglaublich. Als Hausaufgabe sollt ihr heute nämlich eine Lügengeschichte schreiben. Also, warum setzt du dich nicht hin und fängst an?"

Jon Scieszka

Dekoder

Astrosus (lateinisch) – unglückselig
Blassa (uqbarisch) – Strahlenpistole
Deski (suaheli) – Schreibpult
flassende Unterfliege (Umstellung) – fliegende Untertasse
Piksa (pidgin-melanesisch) – Bild
Pordo (Esperanto) – Tür
Razzo (italienisch) – Rakete
Szkola (polnisch) – Schule
Torraku (japanisch) – Lastwagen
Zimulis (lettisch) – Bleistift

Käpt'n Blaubär, der Meister-Lügner

„Ich war Wellensalat ernten im Botanischen Ozean, als mir völlig unverhofft eine Flaschenpost mit einer Schatzkarte ins Netz ging. Ich schipperte sofort los, um den Schatz zu finden. Die Karte führte mich zu einer SCHMATZinsel.

5 Genau! Die Schatzinsel war nämlich in Wirklichkeit 'ne Schmatzinsel! Kaum, dass ich in der Insel drin war, klappte – ZACK! – der Insel-Eingang zu. Da hat's mir auf einmal gedämmert, was es mit der Schmatzinsel auf sich hatte. Sie war gar keine richtige Insel, sondern eine fleischfressende
10 Pflanze.

Auf der Schmatzinsel wachsen Palmen, an denen Flaschenpostfrüchte mit gefälschten Schatzkarten drin reifen. Die reifen Flaschen fallen ins Meer und irgendwann fischt sie ein zukünftiger Schatzsucher auf. Aber ich hatte keine Lust, als Mahlzeit
15 von so 'nem Inselgemüse zu enden. Ich musste das Ding dazu bringen, das Maul wieder aufzureißen.
Dafür brauchte ich nur: einen guten Witz. Die Insel hat sich gar nicht mehr eingekriegt vor Lachen. Ich bin natürlich nix wie raus. Ich sag's ja immer: Mit Humor geht alles besser."

Wer von euch kann den lustigsten Witz erzählen?

Merkwürdige Berufe

ZITRONEN-FALTER
GABEL-STAPLER
WOLKEN-KRATZER
SCHEIN-WERFER
BROT-MESSER
HOSEN-TRÄGER

Wie sieht ein TISCH-LÄUFER aus?

April, April

Am 1. April darf jeder flunkern! Sogar in Zeitungen verstecken sich Aprilscherze. Rate mal, welche Meldung stimmt und welche gelogen ist.

Hast du schon einmal jemanden in den April geschickt? Erzähle davon.

In der Schweiz war die Spaghetti-Ernte in diesem Jahr besonders gut. Die Bauern konnten die Nudeln händeweise von den Büschen pflücken.

In Deutschland planen Leute eine Achterbahn für Hunde. Die Tiere dürfen dort ohne Herrchen oder Frauchen Loopings drehen.

In Großbritannien hat ein Mann mit seinen Ohren einen Bus gezogen – mehr als sechs Meter! Dazu waren Seile am Bus und den Ohren befestigt.

Eddies Lügengeschichte

Heute Morgen bin ich aufgewacht und war ein Pferd. Ich wusste, dass es so kommt. Mama hat mich vorgewarnt. Sie hat gesagt: „Eddie, wenn du dir etwas zu sehr wünschst, dann wird es über Nacht wahr."
5 Und das habe ich jetzt davon.

Alles fing mit Nadja an. Seit Wochen haben wir in der Klasse über nichts anderes mehr gesprochen: Pferde dies und Pferde das. Und dann hat Nadja erzählt, sie würde bald Reitstunden bekommen. Da hab ich gesagt: „Wenn du Reitstunden bekommst,
10 dann werde ich doch glatt zum Pferd." Alle haben gelacht und Nadja hat eine Schnute gezogen.
Und jetzt ratet mal, wer heute seine erste Reitstunde haben soll?! Richtig, Nadja.

Ich und mein loses Maul. Was mache ich jetzt? Anziehen brauche
15 ich mich ja nicht. Waschen kommt auch nicht in Frage. Mein Fell glänzt und ist beinahe rot. Mama macht große Augen und sagt: „Eddie, habe ich es dir nicht gesagt? Denk jetzt bloß nicht, dass du nicht zur Schule musst."

Leise schiebe ich die Tür zum Klassenzimmer auf und schleiche mich rein. Meine Hufe machen klocka-di-klock und alle drehen sich um. Voll erwischt.
„Eddie?!", ruft Iris. Nadja ist blass wie ein Stück Kreide.
Die Gesichter der anderen leuchten vor Bewunderung.

Ich setze mich mit dem Hintern auf den Boden. So. Jetzt bin ich noch immer größer als alle anderen, die auf Stühlen sitzen. Spitze.
„Und nachher", sage ich so laut, dass man es bis in die letzte Reihe hören kann, „gibt es Reitstunde für alle."
Das ist der Moment, in dem Nadja laut zu schluchzen beginnt.
Im nächsten Moment ist sie aufgestanden und aus der Klasse gerannt.

„Was habe ich getan?", frage ich unschuldig, obwohl ich genau weiß, was ich getan habe. Ich hätte das mit der Reitstunde nicht sagen sollen. Das war so, als ob ich Nadjas Geburtstagsgeschenke einen Tag vor ihr ausgepackt hätte.

In der Pause lasse ich die Mädchen auf meinem Rücken reiten. Im Sportunterricht wird mir das Fell gestriegelt und ich mache beim Weitsprung einen Weltrekord. Wenn ich lache, klingt es wie ein Wiehern. Nach der Schule gebe ich Reitstunden im Park. Jetzt dürfen sogar die Jungs mitmachen.
Aber was ich auch tue, die ganze Zeit muss ich an Nadja denken. Jetzt hat jeder vor ihr Reitstunden bekommen. Irgendwie ist das gerecht –
und irgendwie gemein.

Zoran Drvenkar

Was ist dein Lieblingstier? Stell dir vor, du wirst es. Was würde passieren?

Kuttel Daddeldu erzählt seinen Kindern das Märchen vom Rotkäppchen

Die Großmutter war ein altes Weib mit vielen Zahnlücken.
Deshalb fragte sie barsch: „Wer klopft da an mein Häuschen?"
Und da antwortete der Wolf draußen mit verstellter Stimme:
„Ich bin es, Dornröschen!"
5 Und da rief die Alte: „Herein!"
Und da fegte der Wolf ins Zimmer hinein.
Und da zog sich die Alte ihre Nachtjacke an
und setzte ihre Nachthaube auf
und fraß den Wolf mit Haut und Haar auf.

Joachim Ringelnatz

Das bayerische Rotkäppchen

Er klopft, de Oma schreit: „Kimm rei!"
Sie moant, des Rotkäppchen daats sei,
do rennt da Woif nei, aus is, gor,
und frisst s' glei zamm mit Haut und Hoor.

5 Pressiern duads, er lafft ummanand,
ziagt o der Großmuada ihr Gwand,
dann er no schnoi de Schlofhaum nimmt
und wart, dass 's Rotkäppchen boid kimmt.

Elfie Meindl

Märchen kann man ganz unterschiedlich erzählen. Vergleiche die beiden Texte. Findest du „Fehler"? Suche diese Textstelle in anderen Rotkäppchentexten. Du kannst dir auch eine Märchen-CD anhören.

Grünkäppchen

„Es war einmal ein kleines Mädchen, das hieß Gelbkäppchen." •
„Nein! Rotkäppchen!"
„Ach ja, natürlich Rotkäppchen. Also, eines Tages
rief die Mutter nach ihr und sagte: ‚Grünkäppchen.'" •
5 „Rot!"
„Entschuldigung! Rot. Also sie sagte: ‚Kind, geh zur Tante Marie
und bringe ihr Kartoffeln.'" •
„Halt! So geht das nicht! Es muss heißen:
‚Geh zur Großmutter und bringe ihr diesen Kuchen.'"
10 „Stimmt. Das kleine Mädchen machte sich also auf den Weg.
Im Wald traf es eine Giraffe." •
„Du bringst auch alles durcheinander! Es traf einen Wolf."
„Und der Wolf fragte das kleine Mädchen:
‚Wie viel ist zwei und zwei?'" •
15 „Aber nein. Der Wolf wollte wissen, wo sie hinging."
„Ja, das tat er. Und Schwarzkäppchen erwiderte ..." •
„Rot! Rot!! Rot!!!"
„Sie antwortete: Ich gehe zum Markt, Tomaten kaufen." •
„Nein, das sagte das kleine Mädchen nicht. Es sagte:
20 ‚Ich gehe zu meiner kranken Großmutter, aber ich habe mich verirrt.'"
„Natürlich, so war es! Und das Pferd antwortete ..." •
„Was für ein Pferd? Es war ein Wolf."
„Richtig. Und der sagte: ‚Nimm die Linie 75.
Steig am Marktplatz aus und geh rechts um die Ecke.
25 Am ersten Haus findest du drei Treppenstufen.'" •

Gianni Rodari

Ein Kind aus der Gruppe liest das Märchen vor. Bei den dicken Punkten im Text stoppt das Vorlesekind, die anderen Kinder müssen dann sagen, wie es im Märchen richtig heißt.

Der Mäuserich sucht eine Frau

Spielt das Märchen.

Es war einmal ein Mäuserich, der war so hochmütig,
dass er keine gewöhnliche Maus heiraten wollte.
Nein, es sollte die Tochter des mächtigsten Wesens der Welt sein.

Eines Tages machte sich der Mäuserich auf die Suche nach
5 einer solchen Braut und ging geradewegs zur Sonne.
Er verbeugte sich tief vor ihr und sprach:

„Es gibt niemanden auf der Welt, der mächtiger ist als du.
Du bist stärker als der kälteste Winter und stärker als die dunkelste Nacht.
Gib mir darum deine Tochter zur Frau."

10 „Du irrst", sagte die Sonne. „Die Wolke ist stärker als ich.
Ich kann nicht scheinen, wenn sie den Himmel bedeckt."

Da ging der Mäuserich zur Wolke.
„Es gibt niemanden auf der Welt, der mächtiger ist als du",
sagte der Mäuserich. „Gib mir darum deine Tochter zur Frau."
15 „Du hast nicht Recht", sagte die Wolke. „Der Wind ist stärker als ich.
Wenn er weht, treibt er mich am Himmel entlang und zerfetzt mich."

S. 180 Textwerkstatt

Da ging der Mäuserich zum Wind.

„Es gibt niemanden auf der Welt, der mächtiger ist als du",
sprach der Mäuserich. „Ich hätte deshalb gern deine Tochter zur Frau."

20 „Das stimmt nicht, was du sagst", erklärte der Wind.
„Da ist ein großer Turm aus Stein, den ich nicht umblasen kann.
Er ist stärker als ich."

Da ging der Mäuserich zum Turm.

„Es gibt niemanden auf der Welt, der mächtiger ist als du",
25 sagte der Mäuserich. „Ich wünsche mir deshalb deine Tochter zur Frau."
„Wie kommst du darauf", sagte der Turm.
„Da ist eine Maus in meinen Mauern, die nagt und nagt und nagt.
Es gibt nichts, was sie aufhalten kann. Eines Tages stürze ich ein.
Sie ist stärker als ich."
30 „Was du nicht sagst …",
… piepste der Mäuserich und tat einen Freudensprung.
Schnurstracks lief er zu der Maus, bat sie um ihre zierliche
Tochter und feierte noch am selben Tag Hochzeit mit ihr.

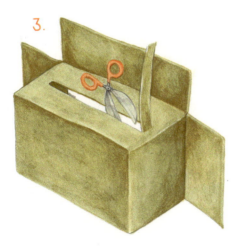

3.

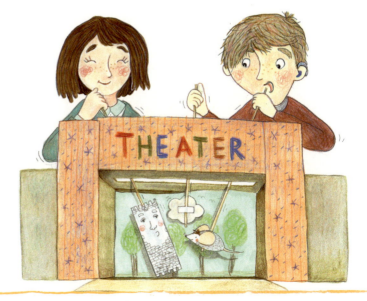

Der ewige Pförtner: Konrad von Parzham, 21. April

*Am 22. Dezember 1818 | wurde in der Gemeinde Parzham |
einem Bauern namens Birndorfer | ein Sohn geboren. |
Er nannte ihn Johann. | Johann sollte sein Nachfolger werden |
und später den Hof übernehmen. | Mit einunddreißig Jahren |*
*verzichtete Johann auf sein Erbe. |
Er trat in das Kloster der Kapuziner in Altötting ein. |
Er bekam den Namen Konrad | und übernahm
das Amt des Pförtners. | Einundvierzig Jahre lang |
blieb er dieser Aufgabe treu. |*
Konrad von Parzham starb am 21. April 1894. |

> Kläre die farbigen Wörter.
> – Suche im Text nach einer Erklärung.
> – Schlage im Lexikon nach.
> – Frage jemanden.

Schon als Johann noch ein Junge war, | sagten die Leute: |
„Der Birndorfer Hansel ist ein Engel." |
Oder auch: | „Wenn der kein Heiliger wird." |
Zusammen mit den Geschwistern | arbeitete er |
mit Freuden auf den Äckern und Feldern. |
Aber schon früh | unterschied er sich von ihnen |
durch seine Frömmigkeit. | Wenn seine Eltern |
nach ihm suchten, | war er oft, | ins Gebet versunken, |
in der Kirche zu finden. |
Als Pförtner des viel besuchten Klosters in Altötting |
gab es in der näheren und weiteren Umgebung niemanden, |
der Bruder Konrad nicht kannte | oder nicht schon Hilfe
bei ihm gefunden hätte. | Er machte den „Sündern" keine Vorwürfe, |
aber er versäumte es auch nicht, | die Landstreicher, | die an
der Klosterpforte um ein Almosen baten, | zu ermahnen | und mit
sanften Worten zu belehren. | Bruder Konrad war nicht aus der Ruhe
zu bringen, | auch wenn die Kinder hinter ihm herliefen, | um ihn zu necken. |
Einmal kam ein Bettler an die Klosterpforte | und bat um eine „milde Gabe". |
Als ihm Bruder Konrad statt Geld und einen Schnaps | eine kräftige Suppe
brachte, | warf ihm der Mann den vollen Teller vor die Füße. |
Da lachte Konrad | und sagte freundlich: |
„Gelt, | die magst du nicht, | so hol ich dir halt eine andere." |
Er war gegen die Armen so großzügig, | dass ihn seine Mitbrüder
deswegen tadelten, | doch das machte ihm nichts aus.

Max Bolliger

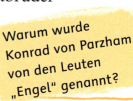

Warum wurde Konrad von Parzham von den Leuten „Engel" genannt?

Das Loch unter der alten Mainbrücke

Die Sage erzählt:
Ein gewaltiges Hochwasser mit Treibeis hatte im Jahre 1442 die Würzburger Mainbrücke eingerissen. Die neue Brücke sollte fester und widerstandsfähiger werden, wünschten Rat
5 und Bürger, und der Baumeister versprach es. Das kam dem Teufel gerade recht. Schon stand er vor dem Baumeister und versprach, ihm zu einer felsenfesten, sturmsicheren Brücke zu verhelfen, wenn er ihm seine Seele verschreibe. Der Baumeister aber war ein gottesfürchtiger Mann
10 und wollte mit dem Teufel nichts zu tun haben.
Darüber ergrimmte der Satan und nahm sich vor, das Werk des wackeren Mannes zu vernichten. Als die Brücke fertig war, stürzte sich der Teufel voller Wut an die Pfeiler, um sie zu untergraben. Da aber die Brücke schon durch einen
15 Priester geweiht war, konnte der Böse nur zwischen zwei Pfeilern ein Loch in den Grund wühlen. Dort bildete sich ein gefährlicher Strudel, den die Schiffer fürchten. Nur die Flößer fahren hier durch; sie beten dabei ein Vaterunser zu Ehren des heiligen Johannes von Nepomuk, dessen Steinbild oben
20 auf der Brücke steht.

Sicher gibt es auch in deiner Heimat unglaubliche Geschichten und Sagen.

Winter

Das Grüffelokind

Der Grüffelo sagt zum Grüffelokind:
„Geh nie dort ins Dunkel, wo die Bäume sind!"
„Warum, warum?"
„Dann kommst du nie wieder raus.
5 Denn dort holt dich die große, böse Maus."

Eines Nachts schläft der Grüffelo wie ein Bär,
sein Kind aber langweilt sich so sehr.
Es fühlt sich stark, es fühlt sich gut,
und es schleicht aus der Höhle voller Mut.
10 Der Schnee stürmt wild und kalt weht der Wind,
hinaus in den Wald geht das Grüffelokind.

Aha! Oho! Im Schnee eine Spur!
Von wem kann sie sein? Wohin führt sie nur?
Ein Schwanz guckt aus dem Holzstoß heraus.
15 Ist das wohl der Schwanz von der bösen Maus?

Das Tier kommt hervor – kleine Augen nur und
kein einziges Barthaar rund um den Mund.
„Du bist nicht die Maus." – „Ich nicht, mein Schätzchen,
die Maus sitzt am See und isst Grüffeloplätzchen."

20 Der Schnee stürmt wild und kalt weht der Wind.
„Ich hab keine Angst", sagt das Grüffelokind.

Aha! Oho! Eine Klauenspur!
Von wem kann sie sein? Wohin führt sie nur?
Aus dem Baum gucken glühende Augen heraus.
25 Etwa die Augen der bösen Maus?

Text: Julia Donaldson
Bilder: Axel Scheffler

Kennst du es auch schon auf Englisch?

Der Winter

Die Pelzkappe voll mit schneeigen Tupfen,
Behäng ich die Bäume mit hellem Kristall.
Ich bringe die Weihnacht und bringe den Schnupfen,
Sylvester* und Halsweh und Karneval.
Ich komme mit Schlitten aus Nord und Nord-Ost.
– Gestatten Sie: Winter. Mit Vornamen: Frost.

Mascha Kaléko

* Mascha Kaléko hat Silvester mit y geschrieben.

Kalter Tag

Schnee stiebt weiß von den Dächern.
Grau kriecht aus Kaminen der Rauch.
Wo sind meine Schwalben? Woanders.
In Gedanken bin ich es auch.

Josef Guggenmos

Der Schneeschieber

Immer schiebt der Mann was vor sich her,
den Schnee-schie-schie-schie-ber
den Schnee-schie-schie-schie-ber.

Und schiebt er nichts mehr vor sich her,
dann ist auf Schnee das Gehen schwer.

Immer schiebt der Mann was vor sich her,
den Schnee-schie-schie-schie-ber
den Schnee-schie-schie-schie-ber.

Erwin Grosche

Nimm dir einen Schneeschieber und schiebe ihn zu den Schnee-schie-ber-Zeilen rhythmisch über den Boden.

Schneeschnittmusterwiese

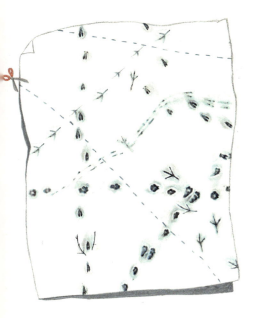

Weiße Wiese, Zeichenblatt,
weil der Schnee alles zugeschneit hat.
Es kommen die Krähen, das schwarze Gepluster,
und staksen ein spinniges Krähenmuster.
5 Und der Hase, Bein um Bein,
druckt Striche und Punkte mitten hinein.
Ganz winzige Trippelschneisen
tupfen die Meisen.
Schnittmuster in den Schnee
10 zeichnen Wildschwein und Reh.
Und am Morgen kannst du lesen,
wer nachts auf dieser Wiese gewesen.

Günther Feustel

Schalldämpfer Schnee

Du gehst durch einen verschneiten Wald. Der Schnee knirscht unter deinen Schuhen. Vielleicht fällt dir gerade deshalb auf, dass außer diesem Knirschen nichts zu hören ist. Ringsherum ist alles still. Woran liegt es, dass es im Winter draußen so ruhig ist? Machen die Tiere jetzt weniger „Lärm"?
5 Das stimmt, die Zugvögel sind im Süden. Und auch die Standvögel, die im Land geblieben sind, veranstalten im Winter viel weniger Zwitscherkonzerte als im Frühling. Manche Tiere halten Winterschlaf oder Winterruhe. Und diejenigen, die auch im Winter auf den Beinen sind, laufen jetzt weniger herum als sonst. Kein Wunder! Wenn viel Schnee liegt, ist jede Bewegung sehr
10 anstrengend. Es gibt aber noch einen anderen Grund, warum der Winter die „stille Zeit" ist. Das liegt am Schnee. Schneeflocken sind aus vielen winzigen Eiskristallen zusammengesetzt. Und dazwischen steckt etwas, zehnmal so viel wie alle Eiskristalle zusammen: Luft! Je lockerer der Schnee ist, desto mehr Luft ist zwischen den Eiskristallen. Am meisten Luft enthält Pulverschnee.
15 Das kannst du selbst ausprobieren. Nimm eine Hand voll Pulverschnee und forme daraus einen Schneeball. Ui, der wird aber klein! Weil du den Schnee zusammendrückst und dadurch die Luft herauspresst. Die Luft zwischen den Eiskristallen wirkt wie ein „Schalldämpfer". Deshalb ist es im Winter viel stiller als in den anderen Jahreszeiten.

Die Heilige Nacht

So war der Herr Jesus geboren
im Stall bei der kalten Nacht.
Die Armen, die haben gefroren,
den Reichen war's warm gemacht.

5 Sein Vater ist Schreiner gewesen,
die Mutter war eine Magd,
Sie haben kein Geld besessen,
sie haben sich wohl geplagt.

Kein Wirt hat ins Haus sie genommen;
10 sie waren von Herzen froh,
dass sie noch in Stall sind gekommen.
Sie legten das Kind auf Stroh.

Die Engel, die haben gesungen,
dass wohl ein Wunder geschehn.
15 Da kamen die Hirten gesprungen
und haben es angesehn.

Die Hirten, die will es erbarmen,
wie elend das Kindlein sei.
Es ist eine G'schicht für die Armen,
20 kein Reicher war nicht dabei.

Ludwig Thoma

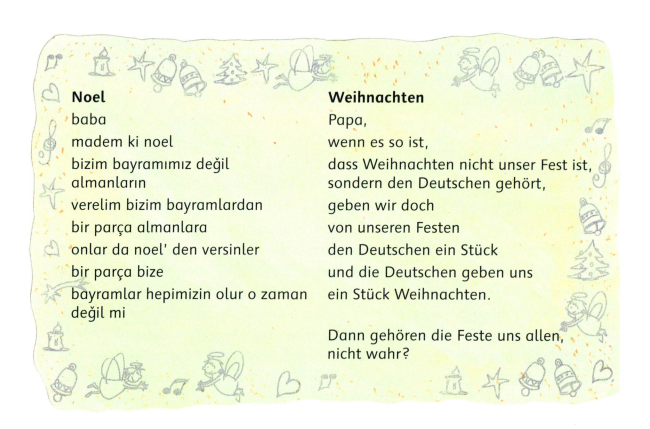

Noel
baba
madem ki noel
bizim bayramımız değil
almanların
verelim bizim bayramlardan
bir parça almanlara
onlar da noel' den versinler
bir parça bize
bayramlar hepimizin olur o zaman
değil mi

Weihnachten
Papa,
wenn es so ist,
dass Weihnachten nicht unser Fest ist,
sondern den Deutschen gehört,
geben wir doch
von unseren Festen
den Deutschen ein Stück
und die Deutschen geben uns
ein Stück Weihnachten.

Dann gehören die Feste uns allen,
nicht wahr?

Kunterbunte Weihnachtswünsche

„Ich wünsche mir ein Springseil!", sagt die Kuh,
„und ein Trampolin dazu."
Zum Erholen eine Liege
will die dauernd müde Ziege,
5 einmal auf den Eiffelturm,
davon träumt der Regenwurm,
und vom Himmel einen Stern
hätte unser Nilpferd gern.

Ein großes Eis am Stiel
10 mag das Krokodil,
die riesige Giraffe
will klettern können wie ein Affe.
Und das dicke Warzenschwein
möchte Schönheitskönig sein.

15 Nur der Pinguin ist still,
er überlegt noch, was er will.
Schließlich sagt er: „Wisst ihr was?
Ich wünsche mir eigentlich nur das:
Glitzernden Schnee zum Weihnachtsfest,
20 ein feierlich geschmücktes Nest,
wo Eiszapfen funkeln im Kerzenschein …
und dann mit euch zusammen sein."

Eva Karnetzky

Schneemann-Familie

Zutaten für 8 Schneemänner:
- 4 Eiweiß
- 4 Esslöffel Zucker
- Zum Verzieren: Korinthen, Orangeat und Zitronat

Zubereitung:

Lege Backpapier auf zwei Backbleche.
Heize den Backofen auf 80 Grad Celcius vor.
Rühre das Eiweiß mit einem Mixer ganz steif.
Lass den Zucker langsam einrieseln.
Rühre dabei weiter.

Pro Schneemann brauchst du:

Einen Teelöffel Ei-Schaum für den Kopf,
einen Esslöffel Ei-Schaum für den Körper,
Augen und Knöpfe aus Korinthen,
eine spitze Nase aus Zitronat,
einen Mund aus Orangeat.

Schiebe die Schneemänner
auf zwei Backblechen untereinander
in den Backofen.
Nach ungefähr 2 Stunden
sind sie fertig (durchgetrocknet).

Dagmar Binder

Sammelt eure leckersten Winterrezepte.
Schreibt sie so auf.
Stellt ein Winterkochbuch zusammen.

Komm mit!

Du, wo wohnt der Weihnachtsmann?
Wohnt er dort im Wald?
Komm, wir schauen einfach nach,
dann wissen wir es bald.
5 Der Weihnachtsmann ist nirgendwo,
doch da, ein Hase, schau!
Und ein Fuchs verschwindet schnell
in seinem sich'ren Bau.

Wo wohnt denn nun der Weihnachtsmann?
10 Das möchte ich gern sehn.
Komm, wir müssen noch ein Stück
tiefer in den Wald gehn.

Sieht die alte Eiche dort
nicht wie ein Riese aus?
15 Und ein Stück daneben –
ist das ein Hexenhaus?

Vielleicht wohnt dort der Weihnachtsmann,
könnte das nicht sein?
Komm, wir gehen einfach hin
20 und schauen mal hinein.

Manfred Mai

Wo der Weihnachtsmann wohnt

„Hyvää päivää, joulupukki!" Das ist Finnisch und heißt übersetzt: „Guten Tag, Weihnachtsziegenbock!" Womit natürlich der Weihnachtsmann gemeint ist. Vorhin habe ich Leute getroffen, die behauptet haben, dass der Weihnachtsmann in Finnland wohnt, angeblich in einem Ort namens Korvatunturi.

Aber Achtung: Die Leute fangen hier schon ab Oktober an, lauter kleine Weihnachtsfeiern abzuhalten, die Pikkujoulu. Da wird dann getanzt, gesungen und gebastelt, dass es nur so weihnachtet. Aber nicht, dass ihr glaubt, dass an den Pikkujoulu jedes Mal schon der Joulupukki kommt. Nein, nein, der kommt erst am 24. Dezember, wenn es richtig Weihnachten ist.

Da wird es hier schon ganz früh dunkel. Bevor die Weihnachtsfeier losgeht, haben die Finnen noch ein großes Programm: Erst mal gehen die Leute alle in die Sauna. Sie schwitzen und schwitzen und springen dann ins eiskalte Wasser. Platsch! An Weihnachten!

Aber das ist erst der Anfang: Als Nächstes gehen alle auf den Friedhof. Dort werden Kerzen angezündet. Und zwar so viele, dass die Friedhöfe in ein einziges funkelndes Lichtermeer verwandelt werden. Da wirkt so ein Friedhof plötzlich gar nicht mehr so gruselig und düster, sondern wunderschön weihnachtlich.

Danach geht's endlich ab nach Hause. Dort stehen schon die geschmückten Weihnachtsbäume in den Wohnzimmern. Die werden hier übrigens mit lauter weiß-blauen finnischen Fähnchen behängt. Man singt ein paar Weihnachtslieder und wartet auf den Joulupukki.

Wenn er kommt, klopft er an die Tür und ruft laut: „Gibt es brave Kinder hier?" – „Jaaa! Na klar!", antworten darauf alle.

Und dann kommt er herein und tanzt erst mal mit den Kindern Ringelreihen um den Baum. Das ist immer ein lustiges rotes Durcheinander, weil die Kinder sich zur Bescherung als kleine Joulupukki-Gehilfen verkleiden. Mit roten Zipfelmützen und roten Strumpfhosen. Hinterher helfen sie ihm, die Geschenke zu verteilen.

Zum Schluss gibt es dann ein richtiges Festessen. Wer ganz großes Glück hat, bekommt dabei auch einen schlabberig-leckeren Weihnachts-Haferschleim serviert. Mmmmh! Den kocht die Joulumuori. Das ist die Frau vom Joulupukki, ihr wisst schon, dem Weihnachtsziegenbock.

Renus Berbig

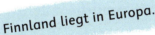
Finnland liegt in Europa.

Ein Weihnachtslied

Es ist Weihnachten geworden.
Kalter Wind bläst aus dem Norden
und hat Eis und Schnee gebracht.

Doch am Weihnachtsbaum die Kerzen,
die erwärmen unsere Herzen,
und des Kindes Auge lacht.

Und man sieht auf den verschneiten
Straßen weiße Engel schreiten
durch die stille, heil'ge Nacht.

Heinz Erhardt

Himmlisches Training

In der Vorweihnachtszeit herrscht in der Abteilung „Geschenke-Auslieferung" ein riesiger Trubel. Und weil nun sogar die Rentiere mit Streik drohen, hat Meister Matthäus eine Stellenanzeige aufgegeben.

> Sie sind ein Lasttier, Zugtier oder Huftier?
> Sie verfügen über außergewöhnliche Körperkräfte?
> Warum verstärken Sie nicht unser tolles Team?
> Wir bieten bestes Futter, göttliche Kollegen,
> himmlisches Betriebsklima und 363 Tage Urlaub!

Die unterschiedlichsten Tiere waren dem Aufruf von Meister
5 Matthäus gefolgt: Galloway-Hochlandrinder aus Schottland,
zottelig wie Plüschtiere, amerikanische Bisons, kräftige Wasserbüffel
aus Pakistan und alle möglichen Pferde vom Shetlandpony
bis zum riesigen Brauereigaul. Auch Esel, Maultiere und Elche
waren vertreten. Irgendwo tauchten das imposante Horn
10 eines Rhinozerosses, zwei Kamelhöcker, ein paar Elefantenrüssel
und der dunkelfeucht glänzende Hintern eines Nilpferdes auf.
„Erstaunlich, wer sich da so angesprochen fühlte", dachte Meister Matthäus.

Siggi, der Trainer der Schlittentiere, begann unverzüglich
mit dem Training. Die Weihnachtsorganisation hatte alle Arten
15 von Häusern nachgebaut, die Menschen zu errichten pflegen.

Der Anfang war schwierig. Die Elefanten-Rhinozeros-Schlitten-
kombination durchbrach beim ersten Anflug die Vorderfront
des Hauses, das mit Geschenken beliefert werden sollte,
pflügte durch das erste Stockwerk, krachte auch durch
die Hinterfront und donnerte mit einem dumpfen Aufschlag,
der das Trainingsgelände erzittern ließ, in die weiche Gartenerde.

Ein Antilopengespann verlor in der Luft die Orientierung
und machte einen Looping. Anschließend flog es verkehrt herum
weiter. Der Weihnachtsmann an den Zügeln zischte wie eine rote Rakete
aus seinem Sitz Richtung Erde und sämtliche Geschenke prasselten
zu Boden wie riesige Hagelkörner.
Siggi, der alles seelenruhig von unten aus beobachtete,
ging routiniert in Deckung.
„War schon gar nicht schlecht, Leute!"
„Wirklich, Trainer?"
„Aber ja! Nur der Neigungswinkel war etwas zu groß.
Aber wir kriegen das hin!"

Das beste Gespann aber bildeten die Milchkuh Hertha,
der Kampfstier Luis, das Dromedar Samina
und das Zebra Mpenza. Bald ließ Siggi stets sie
die schwersten Manöver vorführen und der Trainer
staunte selbst über die Vollkommenheit
ihrer Flugkunststücke.

Martin Klein

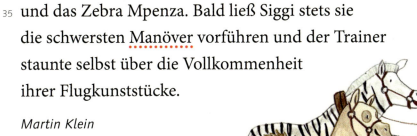

15. Februar: Schneechaos in Bayern

Schnee, Schnee, überall liegt Schnee: Der Winter hat Bayern fest im Griff. Probleme gab es auch am Münchner Flughafen, wo mehr als 100 Flüge annulliert wurden. Schwerpunkt des Schneetreibens ist jedoch Niederbayern.

Starke Schneefälle haben am Mittwoch den Verkehr in Bayern teilweise extrem behindert. Auch Züge und S-Bahnen kamen nicht wie gewohnt voran.

Auf dem Münchner Flughafen wurden bis zum Vormittag 117 Starts und Landungen gestrichen. Die Pisten schneiten immer wieder zu und mussten geräumt und die Maschinen enteist werden.

In Nürnberg lief der Flugverkehr einer Sprecherin zufolge problemlos ab. Besonders angespannt war die Lage in Niederbayern, am Alpenrand und im Allgäu. Streckenweise gab es meterhohe Schneeverwehungen, einige Straßen waren nicht mehr befahrbar – vor allem in Höhenlagen.

In Moosthenning im Landkreis Dingolfing-Landau landete ein Schulbus mit 20 Kindern im Straßengraben – verletzt wurde niemand. Auf vielen Straßen staute sich der Verkehr wegen Schnees und Schneeverwehungen. Zeitweise zwang das Schneechaos die Autofahrer zum Anhalten.

Wetterrekorde in Deutschland

Höchste Schneedecke:
830 cm am 02. April 1944 auf der Zugspitze

Höchster Schneefall in 24 Stunden:
150 cm am 24. März 2004 auf der Zugspitze

Späteste Schneedecke unterhalb 1000 m:
6 cm am 02. Juni 1962 in Oberstdorf

Niedrigste Temperatur:
−37,8 °C am 12. Februar 1929 im Kreis Pfaffenhofen an der Ilm

Höchste Temperatur:
40,2 °C am 13. August 2003 in Freiburg und Karlsruhe

Sucht die Orte auf einer Deutschlandkarte. Was stellt ihr fest?

Maskentreiben auf den Straßen

Die närrischen Tage beginnen mit dem Donnerstag vor dem Faschingssonntag, der im Volksmund „Unsinniger Donnerstag" oder „Gumpater Donnerstag" oder auch wie in der Oberpfalz „Nascher Pfingsta" heißt.

5 Im Geigenbauerdorf Mittenwald sind es die Schellenrührer, die an diesem Tag ihren großen Auftritt haben. Mit uralten, geschnitzten Holzmasken und in heimischer
10 Tracht ziehen die jungen Burschen durch die Straßen. Nach altem Brauch wollen sie mit Höllenlärm das Böse vertreiben. Den Lärm verursachen die Kuhglocken auf
15 ihrem Rücken.

Im Altmühltal sind es die „Fasenickl", die vom unsinnigen Donnerstag an Peitschen knallend durch die Orte ziehen und symbolisch den Winter austreiben wollen.
Nach einer nun schon langen Tradition treffen sich am
20 Faschingssonntag in den bayerischen Alpen vom Allgäu bis ins Berchtesgadener Land die Skifahrer zu einem zünftigen Maskentreiben. Auf der Firstalm findet jedes Jahr das „Zipfäbobrena" statt, bei dem Kinder in selbst gebauten Bobs Wettrennen fahren. Die „Maschkera" ist natürlich Pflicht.

25 Am Faschingsdienstag lassen die Marktfrauen ihre Arbeit liegen und tanzen auf dem Münchner Viktualienmarkt.

Welche Faschingsbräuche gibt es in deiner Gegend? Berichte davon.

Das bin ich

Wanda Walfisch

Jeden Mittwoch ist Schwimm-
unterricht.
Wanda hasst Schwimmen.
Alle Mädchen lachen sie aus
5 und spotten:
„Wanda-Walfisch-dick-und-rund,
Wanda-Walfisch-hundert-Pfund."

Nach dem Unterricht ruft der
Schwimmlehrer Wanda zu sich.
10 „Was ist los mit dir? Schwimmst
du nicht gern? Du schwimmst
doch gut."
„Nein, ich bin zu dick."
„Ach was! Nur weil du das
15 denkst. Wir sind das, was wir
denken. Wenn du gut schwimmen
willst, denkst du einfach
an etwas Leichtes.
Also, wenn du leicht sein willst,
20 denk **Feder**.
Versuch
es mal!"

Das ist eine komische Idee,
findet Wanda. Aber ich kann es
25 ja mal versuchen!

Die ganze Woche macht Wanda,
was ihr der Schwimmlehrer
geraten hat.
Sie denkt **Känguru**.
30 Sie denkt **Hase**.
Sie denkt **Sonnenschein**.

Und es klappt!
Sie schafft es, im Sportunterricht
ganz hoch zu springen!
35 Sie schafft es, die Karotten
in der Schulkantine gern zu essen!

Und sie bringt Arthur dazu,
dass er sie bemerkt und
zum ersten Mal anlächelt.

40 Es ist wieder Mittwoch.
Wanda kommt aus der Kabine.
Sie wartet, bis sie
mit dem Springen dran ist,
denkt **Rakete** und taucht ein,
45 ohne dass es spritzt.

Wanda denkt **Feder**.
Und dann
Paddelboot (sie krault),
Surfbrett (sie schwimmt
50 auf dem Rücken),
Delfin (sie schwimmt
Schmetterling).

„Bravo, Wanda!",
sagt der Schwimmlehrer.
55 Alle Mädchen aus der Klasse
sehen sie an.
Diesmal ruft niemand
„Wan-da-ist-ein-Wal-fisch!"
Nur Betty sagt:
60 „Du schwimmst jetzt so gut,
da kannst du bestimmt auch
vom großen Turm springen!"
Betty denkt natürlich,
dass Wanda sich nicht traut.

65 Aber Wanda steigt auf den Turm.
Sie sieht hinunter.
Sie denkt ganz fest **Walfisch**.
Nein noch besser:

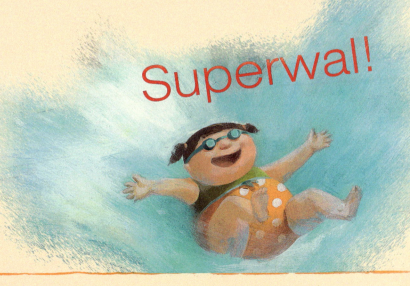

Superwal!

Text: Davide Calì
Bilder: Sonja Bougaeva

Kein Held

Ich bin doch kein Held!
Was stellt ihr euch denn vor?
Ihr schickt mich ins Spiel,
ausgerechnet ins Tor –
5 und der Ball flutscht immer an mir vorbei,
wo ich auch steh. Null zu zwei, null zu drei.

Ich bin doch kein Held!
Was habt ihr euch gedacht?
Habt mich zum Sprecher
10 von euch allen gemacht
und ich stammle, bringe kein Wort heraus –
der Beitrag unserer Klasse fällt aus.

Ich bin doch kein Held!
Lasst mich lieber in Ruh.
15 Ich bin gern dabei
und ich schaue gern zu.
Doch so ein Typ für das Scheinwerferlicht
bin ich nicht, bin ich nicht, bin ich nicht.

Irmela Brender

Bist du ein Typ fürs Scheinwerferlicht?

Der eine groß,
der andere klein

Der eine groß, der andere klein,
sie sind reihum gekommen.
Und jeder sah ganz anders aus.
Und viele wollten anders sein.
Versteht ihr das?
Ein Vogel ist kein Elefant,
ein Nilpferd keine Fliege:
Der eine wie ein Berg so schwer,
der andere wie ein Hauch so leicht.
So darf ein jeder anders sein.
Und niemand sollte traurig sein.
Und keiner kann der Beste sein.
Versteht ihr das?

Elisabeth Borchers

So sind Mädchen, so sind Buben

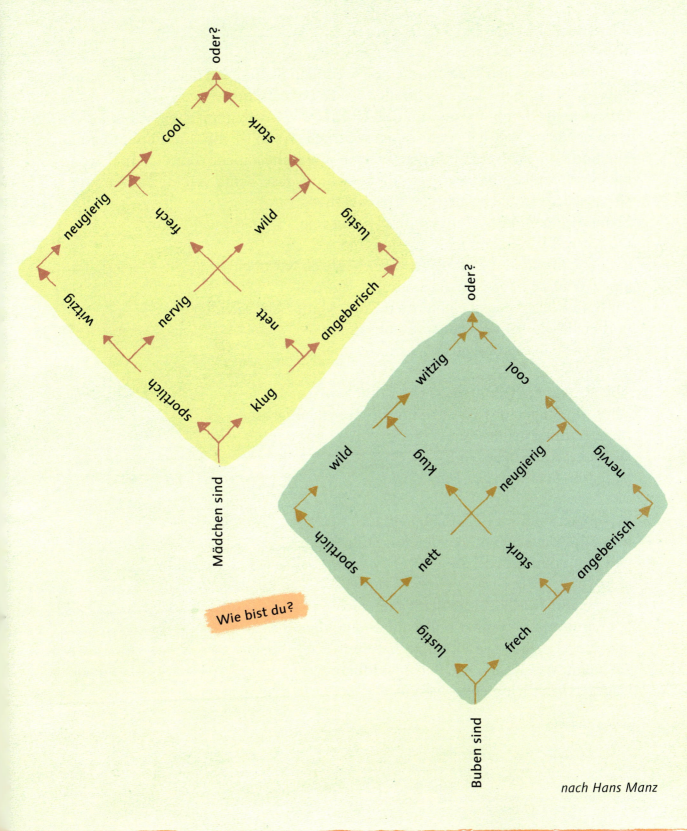

nach Hans Manz

Mein Zimmer gehört mir

Ich heiße Sunny und bin 9 Jahre alt. Seit zwei Wochen habe ich ein
Richtiges-Eigenes Zimmer.
Und das kam so: Ich sitze mit meinen Freunden Ruffi und Tilla im Kinderzimmer.
Die Tür ist zu. Wir haben wie immer viel zu bequatschen.
5 Das erste Mal kommt Mutti um drei Uhr rein. Was wir so machen, will sie
wissen. Nichts, sage ich ein bisschen säuerlich. Wenn sie mit ihren Freundinnen
Uta und Lore quatscht, wollen sie ja auch ihre Ruhe haben. Wenn ich mal
zufällig vorbeikomme, wechseln sie manchmal das Thema. Ich tue dann immer
so, als würde ich nichts merken. Ehrensache!
10 Halbe Stunde später: Mutti kommt wieder rein.
Ob wir was trinken wollen. Na gut, Limo.
Zwanzig Minuten später: Mutti will wissen, ob wir noch
einen Wunsch haben. Ja, unsere Ruhe, sage ich.
Ruffi und Tilla kriegen einen roten Kopf. Mutti zieht beleidigt ab
15 und knallt die Tür zu. Die Stimmung ist hin.
Ruffi und Tilla verabschieden sich.

Abends tagt der Familienrat. Die Köpfe rauchen.
Aber wir einigen uns. So sieht unsere Abmachung aus:
Mein Zimmer gehört mir!
20 Wenn ich Ruhe haben will,
hängt das Schild an der Tür:

Störungen sind nur in Notfällen erlaubt –
wenn das Haus brennt, das Telefon klingelt oder
wir 6 im Lotto haben.

25 Mein Zimmer gehört mir, heißt aber auch:
Ich räume mein Zimmer selbst auf und meinen Besuch
bediene ich selbst. Diesen Punkt hat Mutti eingebracht.
Sie meint: Wer Rechte hat, hat auch Pflichten.
Dagegen kann ich nichts sagen.

Sonja Student

> Beschreibe dein Zimmer
> oder zeichne einen Plan.
> Was ist in deinem Zimmer erlaubt?

Luise

> Du kannst es dir aussuchen: Lies nur die roten Sätze oder lies die ganze Geschichte.

Mama hat gesagt, sie bekommt Besuch. Eine Freundin von ihr kommt und bringt ihr kleines Mädchen mit, und ich war gar nicht besonders froh darüber. Ich kann kleine Mädchen nicht ausstehen, die können nichts anderes spielen als Kaufladen und mit Puppen.

„Du wirst sehr nett und höflich sein zu Luischen", hat Mama mir gesagt, „sie ist ein reizendes Mädchen und du musst zeigen, dass du gut erzogen bist."

Um vier Uhr ist die Freundin von Mama gekommen und hat ihr kleines Mädchen mitgebracht. Mama hat den Tee aufgetragen. Wir haben Kuchen gegessen, und Luischen und ich, wir haben uns nicht angeguckt. Hinterher hat Mama gesagt: „Jetzt geht spielen, liebe Kinder. Nick, du zeigst Luischen deine Spielsachen."

Luischen und ich, wir sind auf mein Zimmer gegangen, und ich hab nicht gewusst, was ich mit ihr sprechen soll.

Aber Luischen hat zuerst was gesagt: „Du siehst aus wie ein Affe."
Das hat mir gar nicht gefallen, und ich habe gesagt:
„Und du, du bist nur ein Mädchen", und da hat sie mir eine Ohrfeige gegeben. Und da hab ich Luischen am Zopf gezogen, und sie hat mich gegen das Schienbein getreten.
Ich wollte ihr eine reinhauen, aber da hat Luischen zu mir gesagt:
„Na, und deine Spielsachen? Krieg ich die jetzt zu sehen oder nicht?"

Und dann hat Luischen mein Flugzeug entdeckt, mein prima Flugzeug mit Gummimotor.
„Lass das liegen", hab ich gesagt, „das ist nichts für Mädchen!"
Und ich hab versucht, ihr das Flugzeug wieder abzunehmen.
„Ich bin eingeladen", hat sie gesagt. „Ich darf mit deinen Sachen spielen, mit allen – und wenn du mich nicht spielen lässt, dann rufe ich meine Mama!"

Ich wollte natürlich nicht, dass sie es kaputt macht, das Flugzeug. Aber ich wollte auch nicht, dass sie ihre Mama ruft. In der Zeit, wo ich nachgedacht hab, hat Luischen den Gummimotor aufgezogen.

Und dann hat sie das Flugzeug aus meinem Zimmerfenster rausgelassen.
„Mein schönes Flugzeug – jetzt ist es kaputt!", hab ich geschrien.
„Ist ja gar nicht wahr", hat Luischen gesagt. „Guck mal, da unten im Garten, da liegt es! Wir brauchen es nur zu holen."

Wir sind runter in den Salon, und ich hab Mama gefragt: Können wir in den Garten gehen, spielen? Luischen hat gesagt, sie möchte gern die hübschen Blumen sehn.
Da hat meine Mama gesagt, wir sollen uns nur ja warm anziehen.

Unten im Garten hab ich das Flugzeug aufgehoben – war nichts passiert, zum Glück. Und Luischen hat zu mir gesagt, was sollen wir machen?

„Du hast ja die Blumen angucken wollen", hab ich gesagt, „na bitte, da sind sie."

Aber Luischen hat gesagt, sie macht sich einen Dreck aus Blumen und unsere Blumen sind der letzte Dreck. Ich hatte richtig Lust, ihr eins auf die Nase zu geben, aber ich hab mich nicht getraut, weil nämlich vom Salonfenster aus kann man in den Garten sehen und unsere beiden Mamas saßen im Salon.

„Ich habe keine Spielsachen hier draußen", habe ich gesagt, „außer meinem Fußball."

Luischen hat gesagt, das ist eine prima Idee.

„Stell dich da zwischen die beiden Bäume", hat Luischen gesagt, „so – und jetzt wollen wir mal sehen, ob du halten kannst."

Und schon ist sie angelaufen und – bumm – ein toller Schuss! Ich habe den Ball nicht halten können und klirr – eine Scheibe vom Garagenfenster war hin.

Die Mamas sind aus dem Haus rausgekommen.

„Nicki!", hat meine Mama gesagt. „Du solltest dich lieber um deine Gäste kümmern, anstatt so rohe Spiele zu spielen."

Ich hab Luischen angeguckt, aber sie war ganz hinten im Garten und hat an den Blumen gerochen.

Am Abend habe ich keinen Nachtisch gekriegt zur Strafe. Aber macht nichts – Luischen ist klasse. Die hat einen tollen Schuss.

Text: René Goscinny
Bilder: Jean-Jacques Sempé

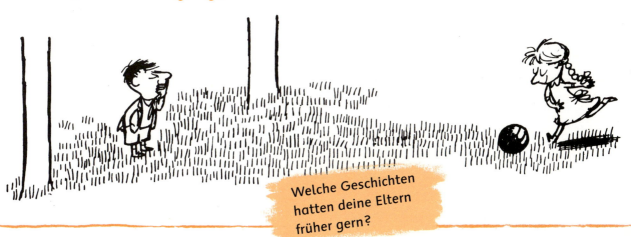

Welche Geschichten hatten deine Eltern früher gern?

Jagd auf Lucas

Alle Mädchen in meiner Klasse mögen Lucas. Auf dem Pausenhof jagen wir hinter ihm her. Wir hören erst auf, wenn wir ihn kriegen. Einmal hat Sophie ihn geküsst. Lucas hat sich das Gesicht abgewischt und gesagt: „Igitt!" Sophie musste so lachen, dass sie ihr Asthma-
5 spray brauchte.

Beim Abendessen fragte mein kleiner Bruder Luis:
„Warum jagst du Lucas immer auf dem Schulhof?"
„Woher weißt du davon?", erwiderte ich.
„Das weiß jeder", sagte er.
10 „Findet Lucas es schön, wenn er gejagt wird?", fragte Mama.
„Er tut so, als fände er es nicht schön", sagte ich.
„Bist du sicher, dass er nur so tut?", hakte Mama nach.
„Klar tut er nur so", versicherte ich ihr.
„Sie ist nicht die Einzige, die ihn jagt", erklärte der Nervzwerg Luis.
15 Ich schaute Mama an und versuchte es ihr zu erklären.
„Das ist ein Spiel. Wenn der Nervzwerg in der dritten Klasse wäre, würde er es kapieren. Aber er ist halt nur ein Erste-Klasse-Baby."
„Ich bin kein Baby!", schrie der Nervzwerg.
„Kinder", sagte Mama. „Beim Essen wird nicht gestritten."

20 Am nächsten Morgen, als wir aus dem Schulbus stiegen, sahen wir Lucas. Emily schlich sich von hinten an ihn ran und hob ihn in die Luft.
„Lass mich runter!", brüllte Lucas.
„Erst wenn du Amanda erlaubst, dich zu küssen", sagte Emily.

Textwerkstatt S. 177

Emily ließ ihn erst los, als er sagte: „Okay, okay …
25 Amanda darf mich küssen."
„Nein danke", sagte ich zu Emily. „Du kannst ihn küssen."
Ich lief langsam weiter.
„Warte!", rief Lucas. „Mir ist lieber, wenn Amanda es macht."
Ich drehte mich um. Die anderen Kinder fingen an zu singen:

30 „Lucas und Amanda sitzen im Gebüsch
und k ü s s e n sich.
Erst sind sie verliebt, dann sind sie verlobt,
und dann kommt der Klapperklapperstorch."

Ich hasse dieses blöde Lied wie die Pest! Ich lief einfach weiter.
35 Dann drehte ich mich kurz um und sah gerade noch, wie Marika
Lucas küsste. Lucas wischte sich den Kuss vom Gesicht
und rannte los, um mich einzuholen.
„Warum wolltest du mich denn nicht küssen?", fragte er.
„Ich dachte, du magst mich."
40 „Ich mag es dich zu *jagen*", sagte ich.
„Ist doch das Gleiche."
„Nein, ist es nicht."

Beim Abendessen verkündete der Nervzwerg:
„Amanda heiratet Lucas!" Er fing an, *„Amanda und Lucas*
45 *sitzen im Gebüsch"* zu singen.
„Hör auf!", schrie ich.
„Kinder", sagte Papa, „Schluss jetzt mit dem Thema."

Judy Blume

Rico und Oskar

> Verschaffe dir einen Überblick über den Text. Lies zwei Sätze vom Anfang, aus der Mitte und vom Schluss.

Ich sollte an dieser Stelle wohl erklären, dass ich Rico heiße und ein tiefbegabtes Kind bin. Das bedeutet, ich kann zwar sehr viel denken, aber das dauert meistens etwas länger als bei anderen Leuten. An meinem Gehirn liegt es nicht, das ist ganz normal groß. Aber manchmal fallen ein paar Sachen raus, und leider weiß ich vorher nie, an welcher Stelle. Außerdem kann ich mich nicht immer gut konzentrieren, wenn ich etwas erzähle. Meistens verliere ich dann den roten Faden, jedenfalls glaube ich, dass er rot ist, er könnte aber auch grün oder blau sein, und genau das ist das Problem.

Am Samstag guckte ich noch ein bisschen zum Spielplatz und freute mich für die vielen kleinen Dötzekens, die schlauer waren als ich. Ich ging langsam über den Gehsteig, den Blick auf die grauen Pflastersteine am Boden gerichtet. Ich sah ein zerknülltes Papierchen. Ich sah ein paar Scherben, die vor den großen Altglascontainern verstreut lagen. Dann sah ich zwei kleine Füße mit hellen Strümpfen in offenen Sandalen.

Ich hob den Kopf. Der Junge, der da vor mir stand, reichte mir gerade so bis an die Brust. Das heißt, sein dunkelblauer Sturzhelm reichte mir bis an die Brust. Es war ein Sturzhelm, wie ihn Motorradfahrer tragen. Ich hatte gar nicht gewusst, dass es die auch für Kinder gibt. Es sah völlig beknackt aus. Das Durchguckding vom Helm war hochgeklappt.

„Was machst du da?", sagte der Junge. Seine Zähne waren riesig. Sie sahen so aus, als könnte er damit ganze Stücke aus großen Tieren rausbeißen, einem Pferd oder einer Giraffe oder dergleichen.
„Ich suche was."
„Wenn du mir sagst, was, kann ich dir helfen."
„Eine Nudel."

Er guckte sich ein bisschen auf dem Gehsteig um. Als er den Kopf senkte, brach sich spiegelnd und blendend Sonnenlicht auf seinem Helm. An seinem kurzärmeligen Hemd, bemerkte ich, war ein winziges knallrotes Flugzeug befestigt wie eine Brosche. Eine Flügelspitze war abgebrochen. Zuletzt guckte der kleine Junge kurz zwischen die Büsche vor dem Zaun vom Spielplatz, eine Idee, auf die ich noch gar nicht gekommen war.

„Was für eine Nudel ist es denn?", sagte er.
„Auf jeden Fall eine Fundnudel. Eine Rigatoni, aber nur vielleicht. Genau kann man das erst sagen, wenn man sie gefunden hat, sonst wäre es ja keine Fundnudel. Ist doch wohl logisch, oder?"

„Hm …" Er legte den Kopf leicht schräg. Der Mund mit den großen Zähnen drin klappte wieder auf. „Kann es sein, dass du ein bisschen doof bist?"
Also echt!

„Ich bin ein tiefbegabtes Kind."
„Tatsache?" Jetzt sah er wirklich interessiert aus. „Ich bin hochbegabt."

Nun war ich auch interessiert. Obwohl der Junge viel kleiner war als ich, kam er mir plötzlich viel größer vor. Es war ein merkwürdiges Gefühl. Wir guckten uns so lange an, dass ich dachte, wir stehen hier noch, wenn die Sonne untergeht.

Jetzt sagte der Junge gar nichts mehr. Er guckte runter auf seine Sandalen. Dann guckte er wieder hoch. Er streckte eine Hand aus. Sie war so klein, dass sie doppelt in meine passte.

„Ich heiße Oskar", sagte er.
„Ich heiße Rico", sagte ich.

Andreas Steinhöfel

Der Autor hat die ganze Geschichte von Rico und Oskar vorgelesen. Frage in der Bücherei nach der CD.

Freizeit

Wir spielen ganze Tage lang

Jonas und ich, wir spielen und wir spielen und wir spielen, ganze Tage lang. Ja, Lotta darf auch mitspielen, wenn wir etwas spielen, wobei sie mitmachen kann. Aber manchmal, da spielen wir Seeräuber und dann ist Lotta nur im Weg.
5 Sie fällt nämlich bloß vom Tisch runter, den wir als Schiff nehmen. Aber sie schreit und will trotzdem mitspielen.

Neulich, als wir Seeräuber spielten und Lotta uns nicht in Ruhe ließ, da sagte Jonas:
„Weißt du, was man tut, wenn man Seeräuber spielt, Lotta?"
10 „Man steht auf dem Tisch und hopst und ist Seeräuber", sagte Lotta.
„Ja, aber es gibt noch eine andere Art und die ist viel besser", sagte Jonas.
„Man liegt unterm Bett
15 auf dem Fußboden ganz, ganz still."
„Warum denn?", fragte Lotta.

„Ja, man liegt da und ist ein Seeräuber und dann sagt man
die ganze Zeit leise: ‚Mehr Essen, mehr Essen, mehr Essen.'
Das machen die Seeräuber so", sagte Jonas.

20 Endlich glaubte Lotta, dass die Seeräuber es so machen,
und sie kroch unter ihr Bett und fing an und sagte:
„Mehr Essen, mehr Essen, mehr Essen."
Und Jonas und ich kletterten auf den Kinderzimmertisch und
segelten aufs Meer hinaus – ja, das haben wir natürlich nur gespielt.

25 Lotta lag die ganze Zeit unter ihrem Bett und sagte: „Mehr Essen" und
es machte uns fast mehr Spaß sie anzugucken, als Seeräuber zu sein.

„Wie lange liegen Seeräuber unter
ihrem Bett und sagen ‚Mehr Essen'?",
fragte Lotta schließlich.

30 „Bis es Weihnachten wird",
sagte Jonas.
Da kroch Lotta hervor und stand
vom Fußboden auf und sagte:
„Ich will kein Seeräuber sein.

35 Die sind ja dumm."

Text: Astrid Lindgren / Bilder: Ilon Wikland

Was macht ihr in eurer Freizeit?

Greta, 9 Jahre:

Am liebsten spiele ich Basketball. Ich lese gerne und mag Quizsendungen.

Luis, 12 Jahre:

Ich spiele gerne Computerspiele. Aber nur eine halbe Stunde am Tag, denn sonst meckert meine Mutter.

Enes, 8 Jahre:

Ich habe eine Lieblingsserie. Aber ich schau auch immer die Kindernachrichten.

Kinga, 9 Jahre:

Meine Freundin und ich haben uns draußen eine kleine Hütte gebaut. Da sitzen wir oft und tauschen Comic-Hefte.

Forscher haben Mädchen und Jungen im Alter von 6 bis 13 Jahren gefragt, was sie alles gerne in ihrer Freizeit tun. Von 100 Mädchen und 100 Jungen wurden diese Dinge am häufigsten genannt:

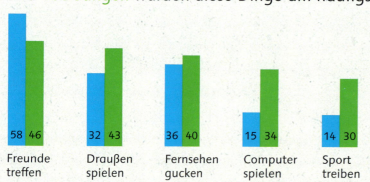

■ Mädchen
■ Jungen

Die Kinder konnten auch mehrere Dinge nennen.

	Mädchen	Jungen
Freunde treffen	58	46
Draußen spielen	32	43
Fernsehen gucken	36	40
Computer spielen	15	34
Sport treiben	14	30

Führt eine Befragung in eurer und in anderen Klassen durch. Erstellt ein Diagramm und vergleicht die Ergebnisse.

Mittwochs darf ich spielen

Mittwochs ist mein allerschönster Tag. Da habe ich nämlich überhaupt keinen Termin. Montags ist Ballett und dienstags ist Flöten und donnerstags ist Tennis und freitags ist Hockey, aber am Mittwoch hab ich immer vollkommen frei. Mittwochs darf ich spielen.

Kirsten Boie

Einfach mal „faul" sein

türkisch: çürük, tembel

englisch: lazy

russisch: ленивый

französisch: fainéant

polnisch: leniwy

italienisch: fanullone

schwedisch: lat

spanisch: perezoso

ungarisch: lusta

griechisch: τεμπέλης

Langeweile? Tu was!

ROLL MÖPSE
SPEISE EIS
MAL STIFTE
RATE SPIELE
5 BAU KLÖTZE
FANG KÖRBE
LÖSCH BLÄTTER
TIPP FEHLER
SCHAUKEL PFERDE
10 PUSTE BLUMEN
KNEIF ZANGEN

Nora Clormann-Lietz

Kurz der Kicker

Sportreporter: Kurz legt den Ball auf den Elfmeterpunkt. Wenn er den reinmacht, haben sie gewonnen. Es ist die letzte Minute vom Spiel.

Erzählerin: Früher, als er noch ein kleiner Junge war, hieß Kurz nicht Kurz, sondern Uwe. Uwe Kowalla. Und richtig gut konnte der Kowalla nix. Er war klein und grantig, stand immer nur herum, und wenn einer was fragte, sagte er nur:

Uwe Kowalla: Is mir doch egal!

Erzählerin: Auch am Tag, als Onkel Alwin ihm den Lederfußball zum 6. Geburtstag schenkte.

Uwe Kowalla: Is mir doch egal!

Erzählerin: Er trat vor das runde Ding. Das flog dann durch die Scheibe, über den Hof, durch noch eine Scheibe und schließlich in die Suppe vom Hausmeister. Aber statt Kloppe und Stubenarrest, meldete Vater Kowalla seinen Sohn im Fußballverein an. Stürmer sollte er werden. Aber Uwe hatte keine Lust, Stürmer zu sein. Und als man ihn fragte, sagte er nur:

Uwe Kowalla: Is mir doch egal!

Erzählerin: Immer wenn der Ball auf ihn zurollte, trat er ihn weg. Also stellte der Trainer Uwe, den jetzt alle nur noch „Kurz" nannten, neben den Torpfosten. Von dort sollte er Abschläge machen. Und Kurz machte Abschläge. Die schönsten Abschläge, die man je gesehen hatte. Die Zuschauer kamen von überall her, um die Abschläge des kleinen Kurz zu bestaunen.

Rollen mit Text
Sportreporter
Erzählerin
Kurz der Kicker
Uwe Kowalla
 (= Kurz als Kind)
Trainer

Rollen ohne Text
Onkel Alwin
Vater
Hausmeister
Fußballspieler
Schiedsrichter
Torwart

Trainer: Mit Abschlägen allein kann man kein Spiel gewinnen!

Uwe Kowalla: Is mir doch egal!

Erzählerin: Kurz wurde älter. Seine Kameraden auch. Sie wollten
gewinnen, Kurz nicht. Er wollte nur Abschläge machen.
Da spielte niemand mehr mit ihm. Nachdem Kurz eine Saison lang
nachgedacht hatte, ging er zum Trainer und fragte:

Uwe Kowalla: Trainer, was muss ich tun, um zu gewinnen?

Trainer: 1. Regel: Ein Spiel dauert 90 Minuten.
Der Ball ist rund und gewinnen kann immer nur einer.
2. Regel: Fußball ist ein fairer Sport. Wer tritt oder foult,
fliegt vom Platz. Wer nur so tut, als ob er gefoult wird, auch.
3. Regel: Ein Fußballer braucht Kondition, Technik, Taktik!
Letzte Regel: „Is mir doch egal!" kommt einem echten
Fußballer nicht über die Lippen!

Erzählerin: Kurz der Kicker hatte verstanden
und lernte, wie man ein Fußballspiel gewinnt.
Dies alles geht Kurz in den Sekunden durch den Kopf.
Sein ganzes Fußballleben. Bis zu diesem entscheidenden Elfmeter.
Kurz konzentriert sich. Er macht sich Mut, es ist ihm nicht egal.

Kurz der Kicker: Ich schieße unter die Latte, wie geübt,
der Schuss des Jahrhunderts.

Sportreporter: Kurz läuft an. Noch 3 Meter. Der Torwart trippelt
mit den Beinen. 2 Meter! Kurz holt aus und schießt ... v o r b e i !

Erzählerin: In der Nacht, als alle längst schlafen,
fliegt der Ball noch immer ...

Text: Martin Baltscheit / Bilder: Ulf K.

Wohin fliegt der Ball? Wie kann die Geschichte weitergehen?

Das kann ich schon:
Ein Spielstück lesen

ChrisTine Urspruch … … wird das Sams.

Im Film ist vieles anders

Dass ein Film etwas ganz anderes ist als ein Buch, muss nicht lange erklärt werden.
Mit einem Buch ist man gern allein und zieht sich an einen Ort zurück, wo man
5 möglichst ungestört lesen kann.
Einen Film schaut man sich mit vielen anderen Zuschauern zusammen im Kino an.
Manchmal kauft man auch zwischen der Vorschau und dem Hauptfilm ein Eis, und
10 der eine oder andere stört seine Sitznachbarn damit, dass er an den spannendsten Stellen mit der Popcorntüte raschelt.
Das ist aber beileibe nicht der wichtigste Unterschied zwischen Lesen und Film-
15 gucken.
Das erste Sams-Buch beginnt zum Beispiel so: „Es war Samstagmorgen und Herr Taschenbier saß im Zimmer und wartete."
Da das Zimmer nicht weiter beschrieben ist,
20 darf es sich jeder Leser so vorstellen, wie er möchte. Je nachdem, welche Zimmer er kennt oder in welches er Herrn Taschenbier in seiner Fantasie gern setzen möchte: klein oder groß, übersichtlich oder verwinkelt,
25 in einer Neubauwohnung oder in einem alten Haus, mit weiß gestrichenen oder ockerfarbenen Wänden, mit Parkett- oder Teppichboden, mit einem kleinen oder mit drei großen Fenstern.

30 Im Film muss man sich für ein bestimmtes Zimmer entscheiden, muss es sich in einer bereits vorhandenen Wohnung suchen (vorausgesetzt, der Besitzer erlaubt, dass man in seinem Zimmer dreht) oder man
35 muss eines im Studio bauen lassen. Und sämtliche Kinozuschauer werden dann dieses spezielle Zimmer sehen und sich in Zukunft Taschenbiers Zimmer gar nicht mehr anders vorstellen können. Und genau
40 so verhält es sich mit allen anderen Schauplätzen.
Es ist also ganz wichtig, dass man sich schon beim Drehbuchschreiben gut überlegt, welches Zimmer am besten zu Herrn
45 Taschenbier passt und wo er zum Beispiel zur Arbeit gehen könnte, ob er mit dem Bus, der Straßenbahn oder
50 mit dem Fahrrad zum Dienst fährt oder ob er zu Fuß geht.

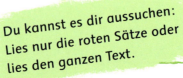

Du kannst es dir aussuchen: Lies nur die roten Sätze oder lies den ganzen Text.

Und wenn er dann mit dem Fahrrad fährt, ob er sich dabei auf ein schnittiges, feuerrotes Sportrad schwingt oder ob er sich eher für ein etwas altmodisches Modell in gedeckten Farben entschieden hat. Wir wollten die Geschichte so verfilmen, wie sie in den ersten drei Sams-Büchern aufgeschrieben ist.
Aber wenn wir jede Einzelheit der Handlung, jede darin vorkommende Figur, jede noch so kleine im Buch erzählte Szene in den Film aufnehmen wollten, würde er ungefähr acht Stunden dauern. Wir mussten also eine Auswahl treffen und uns entscheiden: Welche Szene ist für die Geschichte unbedingt notwendig und welche können wir weglassen, ohne dass dadurch die Handlung unverständlich wird?
Es war mein erstes Filmdrehbuch, und ich lernte sehr bald, dass man mindestens vier, fünf Drehbuchfassungen schreiben muss, bis man das Gefühl hat: Jetzt stimmt alles! Dass dagegen vieles, was ich in meinen Büchern der Fantasie des Lesers überlassen habe, im Film sehr genau, sehr präzis gezeigt werden muss, habe ich am Anfang schon erwähnt. So war es mir zum Beispiel beim Schreiben des Buches ziemlich egal, wie die Fabrik von Herrn Oberstein aussieht, in der Herr Taschenbier arbeitet. Wichtiger war es mir, das Verhältnis zwischen dem Chef und dem Angestellten Taschenbier zu zeigen. Für den Film musste ich mir also erst mal überlegen, wie die Firma von Herrn Oberstein eigentlich sein könnte.

Ist es eine große Fabrik oder ein kleiner Handwerksbetrieb? Arbeitet Taschenbier in einem gemütlichen, hundert Jahre alten Ziegelbau oder in einem modernen, kalten Bauwerk aus Glas, Stahl und Beton? Und was arbeitet Herr Taschenbier eigentlich genau? Auch das habe ich im Buch nicht erzählt. Da ist nur die Rede davon, dass er im Büro sitzt und etwas berechnet. Und ein Schauspieler, der immer nur auf seinem Bürostuhl sitzt und rechnet, ist natürlich im Kino recht langweilig. Denn ein Film erfordert Abwechslung und viel Bewegung. Also mussten wir uns für den Film-Taschenbier eine neue, möglichst originelle Beschäftigung ausdenken. Er ist jetzt Regenschirmkonstrukteur und entwirft Schirmmodelle.

Paul Maar

Eine Sams-Geschichte steht auf den Seiten 26 und 27 im Lesebuch.

Vergleiche Buch und Film. Welche Stellen gefallen dir im Buch besser, welche im Film? Warum?

Das Storyboard

Würde der Kameramann eine Filmszene in einer einzigen, unveränderten Einstellung drehen, wäre sie recht langweilig. In der Filmsprache sagt man: Die Szene muss aufgelöst werden.

Stellen wir uns einen Dialog aus dem Film vor:

5 Herr Taschenbier sitzt mit Herrn Mon in einem Biergarten, hat ein schlechtes Gewissen, weil er das Sams im Flugzeug weggeschickt hat, und erzählt es Herrn Mon. Die Kamera zeigt erst in einer Halbtotalen die beiden. Dabei sprechen die Schauspieler die im Drehbuch festgelegten Sätze ihres Dialogs. Dann ruft der Regisseur wie üblich „Cut!", die Kamera wird
10 ausgeschaltet und umgebaut, die Schauspieler spielen noch einmal die gleiche Szene und sprechen noch einmal den Dialog. Diesmal sieht man aber in einer Nahaufnahme Herrn Taschenbier als den gerade Sprechenden groß im Bild, Herr Mon ist nur angeschnitten. Wieder heißt es „Cut!", die Kamera wird noch einmal umgestellt, die Schauspieler sprechen
15 zum dritten Mal die gleichen Sätze, jetzt ist aber das Gesicht von Herrn Mon groß zu sehen, während er etwas ratlos den wirren Ausführungen von Herrn Taschenbier lauscht.

Am Schneidetisch hat später der Regisseur die Möglichkeit, die Szene verschieden zu montieren. Er kann die ganze Zeit den leicht betrunkenen
20 Taschenbier zeigen und Herrn Mon nur in einem kurzen Gegenschnitt, er kann aber auch beim verwirrten und verblüfften Gesicht von Herrn Mon bleiben, der überhaupt nicht versteht, was sein Freund Taschenbier da faselt, ihm zuliebe aber so tut, als würde er ihm verständnisvoll zuhören. Erst beim Schnitt wird sich zeigen, welche Version komischer wirkt.

25 Da es viel zu viel Zeit kosten würde, wenn sich Kameramann und Regisseur erst bei Drehbeginn überlegten, wie die an diesem Tag im Drehplan stehende Szene aufgelöst werden kann, setzen sie sich vorher zusammen, stellen sich gemeinsam die Szene vor und entwerfen ein Storyboard. Darin sind die einzelnen Einstellungen wie in einem Comicstrip gezeichnet.

30 Hier ist ein Ausschnitt aus so einem Storyboard. Es schildert die Szene, in der Taschenbier und das Sams um Mitternacht aufs Dach klettern, wo Taschenbier dann vor lauter Ungeduld „Gatsmas" ruft und nun selbst die Punkte im Gesicht hat.

Paul Maar

1 Totale: Das Sams singt und tanzt auf dem Hausdach.

2 Groß: Das Sams schaut, wo denn sein Papa bleibt.

3 Sams: „Los, Papa …

4 … komm hoch!"

5 Taschenbier droht seitlich abzurutschen.

6 Sams: „Nur Mut, Papa. Du schaffst es!"

7 Taschenbier erreicht den Dachfirst.

8 Sein Schuh fällt polternd hinunter.

9 Taschenbier klammert sich verzweifelt fest.

10 Groß: Die Uhr hinter ihm: Gleich ist Mitternacht!

Versucht es mal: Macht in der Gruppe ein Storyboard von der Fabel auf Seite 40 und spielt danach.

Internet-Lexikon

Internet Das Internet verbindet weltweit Computer miteinander. Sie sind wie in einem riesigen Netz verknüpft.
Zwischen den Computern können sehr schnell Daten ausgetauscht werden, zum Beispiel Bilder, Texte, Musik. Um ins Internet zu kommen, brauchst du einen Computer oder ein Handy. Wenn du im Netz unterwegs bist, solltest du einige Begriffe kennen:

WWW Das ist die Abkürzung für World Wide Web und heißt übersetzt „weltweites Netz". Das WWW ist ein Teil des Internets. Im WWW kannst du von einer Seite zur nächsten klicken – über „Links", das sind Verknüpfungen. So surfst du im Internet.

Browser Damit das Surfen im Internet klappt, brauchst du einen Browser. Das kommt von dem englischen Wort „to browse" und bedeutet übersetzt etwa „umblättern" oder „schmökern". Ein Browser ist ein Computer-Programm, mit dem du Seiten im Netz ansehen kannst.

Homepage Eine Homepage ist so etwas wie die Titelseite und das Inhaltsverzeichnis von einem Buch. Hier bekommst du einen Überblick, was auf den Seiten dahinter steht. Auf einer Homepage kannst du anklicken, was dich interessiert. Über den Klick landest du direkt auf der ausgewählten Seite.

  Textwerkstatt

Suchmaschine Mit einer Suchmaschine kannst du viele Internetseiten nach einem bestimmten Wort automatisch durchsuchen lassen. Die Ergebnisse werden dir angezeigt. Es gibt Suchmaschinen extra für Kinder.

E-Mail Das ist eine Art elektronischer Brief. Du schreibst am Computer einen Text. Statt per Post verschickst du ihn übers Internet. Dafür gibt es bestimmte E-Mail-Programme. Deine Nachricht ist meist wenige Sekunden später beim Empfänger.

Aufpassen!
1. Glaube nicht einfach alles, was du im Internet liest. Auf Internetseiten kann der größte Quatsch stehen.
2. Verrate im Internet nie deinen vollständigen Namen, deine Adresse oder deine Telefonnummer. Es gibt Gauner, die das ausnutzen könnten, zum Beispiel um an dein Geld zu kommen.
3. Wenn dir irgendetwas im Netz merkwürdig vorkommt, wende dich an einen Erwachsenen, dem du vertraust. Bitte ihn um Rat.
4. Gib im Internet keine Geheimnisse von dir preis. Auch E-Mails können von anderen gelesen werden.

Natur entdecken: Tiere

Die Werkstatt der Schmetterlinge

Vor langer Zeit gab es keine Schmetterlinge. Und viele andere Pflanzen und Tiere nicht, die alle darauf warteten, erschaffen zu werden. Das war die Arbeit der Gestalter Aller Dinge. Für die Gestalter Aller Dinge gab es
5 ein strenges Gesetz: Sie hatten die Tiere für das Tierreich zu erschaffen und für das Pflanzenreich die Pflanzen. Dies durften sie auf gar keinen Fall durcheinanderbringen.

Einer von ihnen war der junge Rodolfo. Oft traf er sich
10 mit seinen Freunden in einer Höhle im Wald.
Dann sprachen sie darüber, was man noch alles für wunderbare Dinge erschaffen könnte, wenn es nur diese strengen Regeln nicht gäbe.
„Ein Baum, der wie ein Vogel singt", fantasierten sie.

15 Was Rodolfo aber am meisten beschäftigte,
war etwas Neues: Ein Wesen, das wie ein Vogel und gleichzeitig wie eine Blume sein sollte.

Die Freunde begannen nachzudenken.

„Wir könnten ein Insekt erfinden, das leuchtet wie ein Stern, und es Glühwürmchen nennen."

„Oder eins, das ängstlich wie ein Känguru durchs trockene Gras hüpft, und das nennen wir Heuschrecke."

„Ich werde eins mit einem Panzer wie eine kleine Schildkröte machen, rot mit schwarzen Punkten, einen Marienkäfer …", sann Rodolfo vor sich hin.

Rodolfo arbeitete einige Tage an seltsamen, buntschillernden Kreaturen. Er erfand auch ein winziges, aber ungemein starkes Insekt, das er Ameise nannte. Noch immer aber war sein Traum ein Wesen, das Blume und Vogel zugleich war.

Text: Gioconda Belli
Bilder: Wolf Erlbruch

Wer bin ich?

Sag, wer bin ich? Jeder liebt mich,
und auch dir bin ich bekannt.
Einen langen Rüssel hab ich,
doch ich bin kein Elefant.

5 Reiter tragen, Bäume schleppen,
das kann mein Beruf nicht sein.
Und auch auf den Kampf mit Löwen
lasse ich mich niemals ein.

Keinen Frosch kann ich besiegen.
10 Ganz gering ist mein Gewicht:
Wenn ich auf den Blüten sitze,
biegen sich die Stiele nicht.

Wenn ich durch die Lüfte fliege,
ist's, als flög ein Blatt dahin.
15 Aber schön sind meine Flügel.
Und nun sag mir, wer ich bin.

Josef Guggenmos

„Morgen trägt mich der Sommerwind
über Blumenwiesen dahin."
„Morgen", sagte das Raupenkind,
„wenn ich ein schöner Schmetterling bin."

Frantz Wittkamp

Kleiner Fuchs

An einem Zweig hängt eine merkwürdige Frucht.
Geheimnisvoll, wie hinter verschlossenen Türen,
arbeitet es in dieser Hülle. Es formen sich Kopf,
Leib und Flügel. Wachsen die Beinchen,
5 die schimmernden Flügelschuppen. Nichts fehlt.
Der Schmetterling entsteht. Er lebt.
Spürt das Sonnenlicht hinter den dünnen Wänden.
Stemmt sich dagegen, sprengt die Wand.
Langsam, Ruck für Ruck, schlüpft der Schmetterling
10 heraus. Steht auf dünnen Beinchen.
Alles ist ungewohnt. Wärme, Licht, Wind streicheln ihn.
Berühren die feuchten, schlappen Flügelchen.
Sie wachsen im Licht. Der junge Schmetterling
spürt ihre Kraft. Schon steht er fest.
15 Breitet die rötlich schimmernden Flügel aus.
Spürt Blumenduft und Gräserduft. Die Fühler beben.
Er hebt die Flügel. Der kleine Fuchs fliegt.

Lisa-Marie Blum

Hülle hängt
an einem Zweig
↓
Schmetterling
entsteht
in der Hülle
↓
Hüllenwand wird
gesprengt
↓
Schmetterling
schlüpft
↓
Flügel trocknen
↓
Schmetterling
fliegt davon

Finde heraus: Wie wird die „Hülle", in der sich der Schmetterling entwickelt, noch genannt?

Informiere dich auf Kinderseiten im Internet und im Tierlexikon über Schmetterlinge.

Starenlied

Die Stare kommen wieder
Von Süden übers Meer.
Mit blitzendem Gefieder,
Und keiner weiß, woher.

5 Verbrachten sie den Winter
Wohl an der Adria?
Oder weit, weit dahinter
Im heißen Afrika?

Ich kann euch nicht verraten,
10 Wohin die Stare ziehn.
Vielleicht in die Karpaten,
Vielleicht nur bis Turin.

Die Stare sind inzwischen
Zurückgekehrt nach Haus.
15 In Bäumen und in Büschen,
Da schwatzen sie sich aus.

Und wer von euch, ihr Kinder,
Das Starenlied versteht,
Der weiß, wohin im Winter
20 Die Starenreise geht!

James Krüss

> Welche Zugvögel gibt es noch? Schlag auch im „Kleinen Lexikon" deines Lesebuchs nach.

Der Mauersegler

SRIE, SRIE, SRIE, hörst du sie? SRIE, SRIE, SRIE, siehst du sie?
Sie schießen wie Torpedos über die Dächer. Sie sausen wie wild
gewordene Düsenjäger durch die Luft. Wenn wir den kreischenden
Ruf des Mauerseglers hören, denken wir alle: Sommer, hurra!

5 Das flinke Vögelchen kommt mit einer Geschwindigkeit von
einhundertzwanzig Kilometern pro Stunde aus Afrika angeflogen,
um unter unserem Dach ein Nest zu bauen. Das Fliegen bedeutet
nur eine kleine Anstrengung für sie, denn Mauersegler sind
die besten Flieger der Welt. Sobald sie das Nest verlassen,
10 sind sie weg. Ab diesem Zeitpunkt bleiben sie für immer
in der Luft. Für immer!

Das sind echte Luftakrobaten.
Hunger? Schnabel auf, quer durch eine Wolke
Mücken jagen und schlucken.
15 Durst? Schnabel auf, haarscharf übers Wasser segeln
und schlürfen.
Müde? Warten, bis es dunkel wird. Ein paar Kilometer
nach oben fliegen und auf einem Bett aus warmer Luft,
das langsam nach oben treibt, einschlafen.

20 Nur für ein Nest kommen sie auf die Erde.
Für ihre Jungen setzen sie ihre Beine kurz
auf den Boden. Nun ja, auf den Boden …
Sie kriechen unter das Dach,
dicht unter den Wolken, sodass es doch
25 noch aussieht, als schwebten sie ein wenig.

Text: Bibi Dumon Tak
Bilder: Fleur van der Weel

Hieronymus Frosch

In der Klasse der Amphibien unterscheidet die Wissenschaft zwei Ordnungen. Erstens die Schwanzlurche. Hierzu gehören
5 alle Salamander und Molche. Und zweitens die Froschlurche. Also Unken, Scheibenzüngler, Kröten und eben die Frösche. Und obwohl manche Leute beim
10 besten Willen eines nicht vom anderen unterscheiden können, behaupten sie hartnäckig, dass in jedem Frosch ein Prinz verborgen sei.
15 Das ist natürlich Unfug. Denn erstens gibt es auch jede Menge Froschmädchen.
Die, wenn überhaupt, sicher lieber Prinzessinnen wären.
Zweitens könnte man so viele Prinzen, wie es Frösche gibt, streng
20 genommen gar nicht gebrauchen.
Und drittens steckt in manchen Fröschen viel, sogar sehr viel mehr als nur ein Krönchen. Tatendrang zum Beispiel, ein unglaublicher Erfindergeist oder eine Unmenge an brillanten Ideen. Und genau solch ein Super-Lurch war Hieronymus Frosch. Auf alberne Spitznamen
25 wie „Ronnie" hörte er übrigens nicht. Da war es ihm schon lieber, wenn man ihn einfach „Frosch" nannte. Immerhin war er ja einer. Natürlich war er angemessen grasgrün, wie es sich für einen Grasfrosch (also ein Exemplar der Gattung *Rana temporaria*, wie der Wissenschaftler sagt) gehörte.

Vor allem aber war Hieronymus ein geborener Tüftler, ein bemerkenswerter Forscher und damit ein wahrer Held. Denn er fand für alle kniffligen Probleme des Alltags eine Lösung, auf die mehr oder weniger die ganze Welt gewartet hatte. Ganz zweifellos.

Zum Beispiel hatte er erst vor Kurzem durch einen spektakulären Selbstversuch herausgefunden, dass es sich in gefrorenem Wasser ausgesprochen schlecht schwimmen ließ, weil gefrorenes Wasser doch recht hart ist. Man nennt es in diesem Zustand übrigens „Eis". Eine sensationelle Entdeckung! Solche Entdeckungen machte Hieronymus praktisch pausenlos.

Einen Hüpfer vom Froschhaus entfernt, unter den Johannisbeeren (den schwarzen natürlich), lebte Emmy Wackernagel, geborene Spitzmaus, mit ihren vier kleinen Wackernägeln.

Auf diese Weise konnte Emmy Hieronymus' Erfindungen gleich auf ihre Alltagstauglichkeit prüfen. Wie seinerzeit den weltersten vollautomatischen Erbsenzähler.

Niemand wäre dazu besser geeignet gewesen als Emmy Wackernagel, denn sie kochte ja regemäßig Erbsen. Zusammen mit Möhren als Gemüsebeilage, zum Beispiel. Oder mal als Eintopf für ihre Kleinen. Und wenn sie nun jemand fragte: „Sag mal, Emmy, wie viele Erbsen nimmst du denn so? Etwa für fünf Personen?", dann konnte Emmy Wackernagel demjenigen antworten: „Momentchen." Sie würde einfach den vollautomatischen Erbsenzähler gemäß der Bedienungsanleitung zum Einsatz bringen und schließlich erklären:

„Fünfundzwanzig. In meinem Eintopf für fünf Personen sind fünfundzwanzig Erbsen."
„Ganz genau fünfundzwanzig?", würde dieser Jemand vielleicht nachhaken.
Daraufhin würde Emmy versichern: „Aber wenn ich es doch sage!" Immerhin habe ich eine Erfindung aus dem Hause Frosch benutzt." Und dann würden sich Emmy und der Jemand fragen, wie sie je ohne diese wissenschaftliche Sensation hatten auskommen können.

Text und Bilder: Andreas H. Schmachtl

Ohne Hieronymus Frosch gäbe es keinen Postkartomaten, der gleichzeitig bis zu 2.999 Postkarten verschicken kann, keinen halbautomatischen Abkühlungsregner und erst recht keine unsichtbar machende Waldmeister-Sonnencreme.

Da stimmt doch was nicht

Warum halten Bären Winterruhe?
Weil ihnen keine Winterjacke passt.
Und ohne Jacke wäre es draußen zu kalt für sie.

Warum sind Flamingos rosa?
Weil es ihnen peinlich ist, wenn sie im Zoo
von vielen Menschen angeschaut werden.

Warum sind Wale keine Fische?
Weil sie so groß sind, dass sie in kein Aquarium passen.

Warum haben Schnecken ein Haus?
Weil sie so gerne Campingurlaub machen.

Warum haben Schafe lockiges Fell?
Weil sie sich gerne frisieren.

**Warum verfliegen sich Zugvögel nicht, wenn sie
im Herbst in den Süden fliegen?**
Weil sie einen Kompass auf dem Schnabel haben.

Wie lauten die richtigen Antworten?
Gibt es in eurer Klasse Experten?
Wo könnt ihr die richtigen Antworten
finden?

Welche Fragen zu Tieren
könnt ihr noch stellen?
Erfindet lustige Antworten dazu.

Lösung S. 207

Frühling

Frühling im Mühlenweiher

Es ist Frühling geworden. Die Sonne hat das Eis auf dem Mühlenweiher schmelzen lassen und die Wiesen mit saftigem Grün und unzähligen bunten Blumenpunkten geschmückt.

Die warmen Strahlen der Frühlingssonne haben erstaunlich viel
5 Kraft. Sie tauchen sogar durch das graugrüne Dämmerdunkel bis tief hinunter auf den Grund des Mühlenweihers. Dort steht das Haus des Wassermanns. Da kitzelt ein vorwitziger Sonnenstrahl den kleinen Wassermann so lange an der Nase, bis er die Augen aufschlägt.

10 Was sich wohl verändert haben mag in der langen Zeit seit dem letzten Herbst?

Kreuz und quer durchstreift der kleine Wassermann den Mühlenweiher. Er begrüßt die Ellritzen, verschiedene Käfer und Larven und albert mit den Teichmolchen herum. Aber der kleine Wassermann will unbedingt
15 seinen Freund, den Karpfen Cyprinus, treffen.

Der Karpfen Cyprinus ist schon ein alter Herr, hat Moos auf dem Rücken und liebt es, während des Schwimmens stillvergnügt vor sich hin zu blubbern. Der kleine Wassermann findet ihn am Rand des Weihers, wo das Wasser wärmer ist.

20 „Hallo, Cyprinus", begrüßt ihn der Wassermannjunge, „geht es dir gut?"
„Das kann man wohl sagen", blubbert dieser, „bei meinen alten Gräten, wie könnte es auch anders sein, es ist Frühling! Da fühlt unsereins sich bestens: von der Schwanzflosse bis zu den Barthaaren! Wenn du Lust hast, lad ich dich bis zum Mittagessen auf einen Ritt durch den ganzen Weiher ein. Los,
25 steig auf!"

Text: Otfried Preußler
Bilder: Daniel Napp

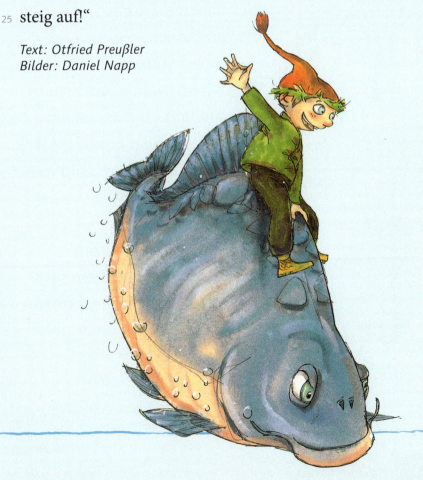

Geht in die Bücherei. Was findet ihr dort über den kleinen Wassermann heraus?

Frühling

In meinem Garten
ist über Nacht
der Frühling erwacht.

Man kann ihn schon sehen.
5 Schneeglöckchen stehen
in dichten Reih'n.

Sie wecken die Vögel, die Wälder,
die Büsche, die Wiesen und Felder,
die ganze Welt
10 und dich und mich.

Hilga Leitner

Erste Sonne

In den dürren Zweigen
der nackten Bäume
sitzen Krähen.
Bei ihnen Stare.
5 Fernab schwarzweiße Elstern.
Sie schelten.
Ab und an fliegt ein Vogel weg.
Er wird von allen verfolgt.
Sie kehren zurück.
10 Sie schelten.
Das Jahr steigt langsam
von Morgen zu Morgen.
Im Baum sitzt der Frühling.
Er wartet.
15 Er lacht leise.

Rolf Bongs

Welche Vögel kannst du im Frühling beobachten?

Hatschi!

„Allergisch! Pah", dachte sich Jana. „Was sollte das denn bitte schön sein?" „Na gut", musste sie zugeben, ihr juckte immer die Nase, wenn es Frühling wurde, vor allen Dingen, wenn sie draußen im Feld spielte. Und dann tränten ihr auch die Augen – und je mehr sie rieb, desto schlimmer wurde es, erinnerte sie sich.

„Ich glaube, du hast Heuschnupfen, Jana", sagte ihre Kinderärztin da.

Was ist Heuschnupfen und warum heißt er so?

Heuschnupfen ist eine Allergie. In Deutschland haben ungefähr 8 von 100 Kindern Heuschnupfen wie Jana. Wenn du Heuschnupfen hast, jucken und brennen deine Augen. Deine Nase läuft wie bei einem Schnupfen und du musst niesen oder du bekommst schlecht Luft. Oft fühlst du dich auch richtig schlapp. Beim Heuschnupfen reagiert dein Körper ganz empfindlich auf etwas, das von den blühenden Gräsern oder Bäumen durch die Luft fliegt und eigentlich ganz harmlos ist. Der Heuschnupfen macht sich zu ganz bestimmten Jahreszeiten bemerkbar – je nachdem, wogegen du allergisch bist. Weil einige Menschen besonders viel niesen müssen, wenn das Gras gemäht wird, heißt der Schnupfen Heuschnupfen.

Anne Hilgendorff

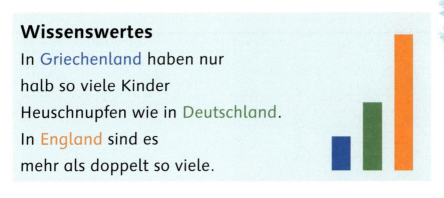

Wissenswertes

In Griechenland haben nur halb so viele Kinder Heuschnupfen wie in Deutschland.
In England sind es mehr als doppelt so viele.

Untersucht die verschiedenen Textformen. Was fällt euch auf?

Helma legt los

*Helma wäre gerne wie alle anderen Hühner in ihrer Klasse.
Aber Helma hat ein Geheimnis: Sie kann nur bunte Eier legen!*

„Wieder nichts", seufzte Helma. „Wieder bunt. Wie die anderen."
Helma ging in die Hühnerschule, aber erst in Klasse C.
Bald war Ostern, und alle Hühner hatten zur Eierschau ihr erstes
schneeweißes Ei mitgebracht. Nur Helma nicht.

„Helma, morgen musst du aber auch ein Ei mitbringen", sagte Frau
Federkiel, die Lehrerin. „Damit du in die nächste Klasse kommst."
Helma nickte stumm.
Was sollte sie nur tun?
Als Helma wieder in ihrem Hühnerhaus saß,
spannte sie ein weißes Laken,
trank ein Glas weiße Milch,
aß eine Schale weißen Reis
und dachte ganz fest an etwas Weißes. Dann legte sie los.

Sie legte Eier, was das Zeug hielt, aber ein weißes war wieder
nicht dabei. Stattdessen steckte sie jetzt erst recht in der Klemme.
Oje! Was sollte sie nur mit den vielen bunten Eiern tun?

Da fiel ihr der Geräteschuppen ein. Zwischen vielen bunten Farbtöpfen fand sie schließlich ein Eimerchen mit etwas Eierschalenweiß. Gerade noch genug Farbe für ein Ei! Helma zupfte sich eine Feder aus und malte ein rotes Ei damit an.

Nun musste sie nur noch die anderen Eier loswerden.

Helma hatte da auch schon eine Idee, aber dafür brauchte sie eine Verkleidung.

Leise rollte Helma die Schubkarre voll mit bunten Eiern über den Hof. Und dann versteckte sie die Eier überall.

„Was machst du denn da mit den Eiern, Hase?", brummte plötzlich eine tiefe Stimme.
Helma verlor vor Schreck fast ihre Hasenohren.
Neben ihr stand Mona, die Kuh, und blinzelte sie kurzsichtig an.
„Ich verstecke sie", nuschelte Helma.
„Warum?", fragte Mona.
„Das ist eine besondere Osterüberraschung."
„Und für wen?", wollte Mona wissen.
„Für den, der sie findet."

Am nächsten Morgen zeigte Helma stolz ihr weißes Ei.
„Sehr schön", sagte Frau Federkiel. „Gratuliere, Helma."
Da hörten sie von draußen aufgeregtes Schnattern und Blöken.
Neugierig schauten die Hühner hinaus. Auf dem Hof war alles in Aufruhr!
„Was macht ihr denn da?", rief Frau Federkiel.
„Wir suchen Eier!", quiekte das Schwein.
„Ostereier!", brummte Mona und zeigte ihr den Korb.
Frau Federkiel hielt ein Ei hoch.
„So ein Ei habe ich noch nie gesehen", sagte sie erstaunt.
„Welches Huhn legt denn solche Eier?"
„Kein Huhn", sagte Mona, „ein Hase hat sie gestern Nacht versteckt. Ein sehr merkwürdiger Hase!"
„Komisch", sagte Frau Federkiel.

Text: Ute Krause und Dorothy Palanza
Bilder: Ute Krause

Plötzlich gab es einen gewaltigen Platzregen …

Das kann ich schon: einen Text weiterdenken

Wie der Hase zum Osterhasen wurde

Wer hat eigentlich die Geschichte vom Osterhasen erfunden?
Das weiß heute niemand mehr so genau. Fest steht, dass Ostern das
5 älteste Fest ist, das wir Menschen kennen!
In grauer Vorzeit war es ein Frühlingsfest. Der Name kommt wahrscheinlich von dem Wort
10 „Ostera". So nannten die alten Germanen, unsere Vorfahren, ihre „Göttin des aufsteigenden Lichts", die Frühlingsgöttin.
Und warum schenkt man sich
15 zu Ostern Eier?
Auch das hat mit dem Frühling zu tun. Denn um diese Zeit legen die Vögel nach dem langen Winter ihre Eier.
20 In längst vergangenen Zeiten hatten es die Menschen im Winter nicht so angenehm wie wir heute. Es war eine grausame Jahreszeit und jeder war froh, wenn diese Zeit vorbei war
25 und die Natur lebendig wurde. Deshalb waren Eier für die Menschen immer schon ein Symbol, das heißt ein Zeichen, für den neuen Anfang, für Fruchtbarkeit und Leben und
30 damit für Glück!
Aus Freude über den Frühling feierten sie ein Frühlingsfest und beschenkten sich gegenseitig mit dem Glücks- und Lebenssymbol.
35 So entstanden unsere Ostereier.

Und die Freude darüber war noch größer, wenn man damit überrascht wurde, wenn man sie also „durch Zufall" fand. Irgendwo fingen dann
40 wohl die Kinder an zu fragen, woher denn die bunten Eier stammten, die draußen unterm Busch lagen. Ja, wer könnte die wohl gebracht haben? Denk nicht, dass das überall
45 ein Hase war! Nein, an jedem Ort erzählten die Großen von einem anderen „Ostertier":
In der Schweiz war es der Kuckuck, im Elsass der Storch. In Sachsen
50 brachte der Hahn die Eier und in Hessen der Fuchs. Und an anderen Orten trieb sich der Feldhase zur Osterzeit besonders nah bei den frisch bepflanzten Hausgärten
55 herum!
Nun wissen wir schon lange, dass sich Hasen (und Kaninchen) recht schnell vermehren. Während viele andere Tiere nur einmal im Jahr
60 Junge bekommen, haben sie viermal, sogar fünfmal Nachwuchs. Kein Wunder, dass der Hase unter den „Ostertieren" bald das Rennen machte. Er wurde, wie das Ei, ein
65 Symbol für Fruchtbarkeit. So wurde der Hase vor rund vierhundert Jahren zum Eierbringer – auch wenn er selbst gar keine Eier legt.

Eleni aus Griechenland erzählt

Ich heiße Eleni und wohne in Griechenland, in Athen. Auf Ostern freue ich mich schon immer wochenlang im Voraus, denn Ostern ist bei uns das schönste Fest, das ich mir vorstellen kann – und das wichtigste dazu. Denn da ist Christus auferstanden und der Frühling beginnt.

Für mich fängt Ostern in der Nacht davor an: Da weckt mich meine Mutter um elf Uhr nachts. Ich ziehe dann mein schönstes Kleid an und gehe mit der ganzen Familie zusammen zur Auferstehungsfeier. Ganz Athen ist da auf den Beinen! Alle Leute haben eine brennende Kerze in der Hand; das sieht wunderschön aus in der Dunkelheit. Und es riecht herrlich nach Zitronenblüten und nach Weihrauch und Bienenwachs.

Um Mitternacht läuten die Glocken und der Priester verkündet „Christus amesti", das heißt „Christus ist auferstanden". Und dann umarmen wir uns alle und küssen uns, auch die, die wir gar nicht kennen oder die wir sonst nicht ausstehen können. In diesem Moment ist das alles vergessen. Wir lachen und freuen uns, und wenn wir dann später auf der Straße oder auch am nächsten Tag jemanden grüßen, sagen wir nicht wie sonst „guten Tag", sondern „kali anastasi" – das heißt „gute Auferstehung". Nach der Kirche gehen wir dann alle noch mal ins Bett, weil wir ja ausgeschlafen sein wollen für das große Fest am Ostersonntag.

Da fahre ich mit meinen Eltern und Geschwistern schon in der Früh raus aus Athen, in ein kleines Dorf. Fast alle Leute machen das so. Und dann singen und tanzen wir und jeder, der vorbeikommt, wird eingeladen mitzufeiern.

Der Wind ist aus Luft

Der Wind ist aus Luft.
Er kommt nicht, wenn man ruft.

Er fährt durch die Eichen.
Er heult über den Teichen.

5 Er geigt auf den Drähten.
Er bläst Rauch aus den Städten.

Er jault auf Turmstiegen.
Er bringt Dächer zum Fliegen.

Nachts faucht er durch Ritzen.
10 Er kühlt uns, wenn wir schwitzen.

Er schleppt Wolken in Wüsten.
Schiffe wirft er an Küsten.

Er legt sich vor Gewittern
Und lässt Stahlmasten zittern.

15 Hinterm Meer kann er toben,
Unten macht er zu oben.

Er geht sanft durch Maiwiesen.
Wird er scharf, muss man niesen.

Er weht über die Heide
20 Und bestäubt das Getreide.

Rainer Kirsch

Ein Säckchen zum Verschenken

Du brauchst:
- Ein Stück Stoff (15 x 15 cm)
- Nadel
- Faden
- Geschenkband

Geschenkideen

Getrocknete Blütenblätter

Ein schöner Stein

Ein Stück Duftseife

Ein Gedicht

So geht es:

1. Falte den Stoff einmal mit der schönen Seite nach innen und nähe eine kurze und eine lange Seite zu. Eine kurze Seite bleibt offen und eine lange Seite ist durch das Falten schon geschlossen.
2. Stülpe das Säckchen einmal um, die Nähte sind jetzt innen.
3. Fülle das Säckchen mit deinem Geschenk.
4. Verschließe das Säckchen mit einer schönen Schleife.

*Mother, my darling,
mother, my dear!
I love you,
I love you,
each day of the year.*

Wie wir leben

Ein Sonntag im Juni

Sonntage sind grausam langweilig! Alle meine Freunde machen Ausflüge. Aber meine Eltern, die schlafen. Einmal, als die Langeweile zu groß wird, schleiche ich mit einem genialen Plan ins Schlafzimmer.

5 Mein Vater schnarcht donnernd. Leise pirsche ich mich heran, ich hebe vorsichtig die Decke am Fußende hoch. Da liegen sie: die Füße meines Vaters. Mein Plan steht fest. Ich habe schließlich nicht ewig Zeit. Draußen ist bereits der schönste Sommertag, und außerdem habe ich Hunger. Bärenhunger!

10 Ich hocke also am Fußende des Bettes. Der Bauch meines Vaters bebt unter lautem Schnarchen, und ich frage mich langsam, ob er überhaupt noch Luft bekommt.
Das ist der Moment, in dem ich begreife: Mein Plan ist genial. Ich werde meinem Vater das Leben retten!

15 Dazu hebe ich die Feder, die ich wohlweislich aus meiner Indianerhäuptlingshaube entfernt habe, und nähere mich langsam seinen
20 bebenden Füßen. Zuerst trifft die Spitze den dicken Zeh … Der zuckt. Ich werde mutiger und bearbeite nun die ganze Fußfläche.

25 Mein Vater schüttelt sich und mit einem Schwung richtet er sich auf. Die Decke rutscht zur Seite, aber davon sehe ich nicht mehr viel. Mein Papa hat mir eine Ohrfeige gegeben.

Meine Backe brennt wie Feuer, ich laufe aus dem Schlafzimmer meiner Eltern und verstecke mich schnell in meinem Zimmer.
30 Dort bleibe ich zitternd vor Angst und Wut hocken.

Als ich rauskam, hat Papa sich sofort bei mir entschuldigt. Und mich auf seinen Schoß genommen. Und als ich ihm dann erklärt habe, dass ich doch sein Leben retten musste, da ist er ganz rot geworden. Sehr hat sich der Papa geschämt. So sehr, dass wir an
35 diesem Sonntag sogar einen Ausflug gemacht haben. Und ich durfte bestimmen, wohin! Ich ganz allein. Das gab's noch nie.

Text: Ann-Kathrin Kramer / Bilder: Heike Herold

Meine ganze Familie

Yunus heißt auf Deutsch Delfin. Mein Lieblingstier ist auch ein Delfin.

Zur Mutter von meiner Mama sage ich Omi. Sie wohnt in Italien und hat mir Sonnenblumen eingepflanzt.

Mein Opa ist ein italienischer Opa. Ich sage Nonno zu ihm. Mit ihm
5 arbeite ich. Wir holen zusammen Kaminholz für den Winter. Er ist Mamas Stiefvater. Ich möchte auch gern einen Stiefvater haben. Wenn Mama Lewis heiratet, habe ich endlich einen.

Die Mama von Papa heißt Nine. Das bedeutet Oma. Sie will mich immer küssen. Dann renne ich weg. Manchmal erwischt sie mich aber,
10 dann gibt es keine Rettung. Papa und ich waren mal mit Nine im Wald. Sie weiß genau, welche Pilze man essen kann und welche giftig sind. Und sie findet immer noch essbare Pilze, auch wenn vor uns schon 100 Leute durch den Wald gestiefelt sind.

Den Papa von meinem Papa kenn ich nicht.
15 Der wohnt in Istanbul in der Türkei.

Den echten Papa von meiner Mutter kenne ich auch nicht. Er wohnt auch weit weg von uns und in einer anderen Stadt.

Mein Lieblingsessen ist Falafel und Spaghetti.

Anja Tuckermann

Und deine Familie?

Was wäre, wenn ...

... sich zwei Geschwister voneinander scheiden lassen könnten?

... dann müssten sie nicht mehr miteinander auskommen und das eine könnte wegziehen. Aber weil ein Kind zu jung ist, um ganz alleine zu leben, müsste wohl ein Elternteil mit ihm gehen.

5 ... und wenn die Eltern das nicht wollten, weil sie gut miteinander auskommen?

... dann müsste das Gericht ihnen das eben vorschreiben. So wie es das Gericht ja auch mit den Kindern macht, wenn sich die Eltern scheiden lassen. Und dann würde ein Besuchstag pro Woche
10 festgesetzt werden, wo die Kinder das Elternteil, das nicht bei ihnen lebt, sehen und spazieren führen dürfen. Und am Abend würden sie dann das Elternteil wieder
15 zu dem Kind, dem es zugesprochen wurde, zurückbringen!

... und dann würde ich endlich wieder einmal
20 meinen Vater sehen, denn ich würde die Besuchstage nicht immer so vergessen wie er!

Text: Christine Nöstlinger
Bild: Jutta Bauer

Jonas und Pablo

Jonas fährt wieder an den Fluss, obwohl er das nicht darf.
„Ich möchte viel lieber in einer Wohngemeinschaft wohnen,
so wie du", sagt Jonas. „Da kann man machen, was man will.
Ich muss dauernd machen, was Mama und Papa wollen.
5 Und die haben dann immer Angst, dass mir was passiert."
„Und ich möchte viel lieber so wohnen wie du", sagt Pablo.
„Mit einer richtigen Familie."
„Dafür hast du einen Hund", sagt Jonas düster. „Ich krieg keinen."
„Dafür hast du eine kleine Schwester", sagt Pablo, „ich kriege
10 keine."
Jonas und Pablo schauen in den Fluss und jeder stellt sich vor,
wie gut es der andere hat.
„Ich weiß was!", sagt Jonas plötzlich. „Wir lassen uns scheiden!
Dann wohne ich in deiner Wohngemeinschaft und du wohnst
15 bei mir und spielst mit meiner kleinen Schwester."

Bettina Obrecht

Alle haben eins

Alexander kommt von der Schule nach Hause, zieht im Gehen die Schuhe aus, lässt sie im Flur liegen, befördert seine Schultasche neben den Schuhschrank, geht ins Wohnzimmer und sagt: „Mama, ich brauche ein Handy."
5 „Hallo!", sagt seine Mutter. „Schön, dass du da bist."
„Ich brauche ein Handy", wiederholt Alexander laut und deutlich.
„Ein Handy?", fragt seine Mutter, um Zeit zu gewinnen.
„Wozu brauchst du ein Handy?"
„Alle meine Freunde haben eins", behauptet er.
10 „Alle?" Sie schaut ungläubig. „Das glaube ich nicht."
„Doch!"
Die Mutter schüttelt nachdenklich den Kopf und murmelt:
„Erst vor ein paar Tagen hat Samuels Mutter zu mir gesagt, sie sei dagegen, dass ihr schon ein Handy habt.
15 Die rufe ich jetzt sofort an."
„Äh … der … der Samuel hat noch keins", nuschelt Alexander und fügt hinzu: „Aber er will auch eins."
„Aha, er will eins, genau wie du." Sie zieht die Augenbrauen hoch.
„Brauchen tut ihr nämlich beide kein Handy,
20 genauso wenig wie andere Kinder in eurem Alter."
„Doch!", sagt Alexander trotzig. „Die andern lachen mich schon aus, weil ich keins habe."
„Dann sind sie dumm."
„Sind sie nicht!"
25 Die Mutter merkt, dass sie so nicht weiterkommen.
Deswegen schlägt sie ihrem Sohn vor, auf ein Blatt zu schreiben, warum er glaubt, ein Handy zu brauchen.
Und sie will aufschreiben, warum er ihrer Meinung nach keines braucht.
30 Alexander schüttelt den Kopf.
„Das gilt nicht, du kannst viel besser schreiben als ich."
Er will lieber warten, bis sein Vater kommt; der kann nicht so gut Nein sagen – das hofft Alexander zumindest. Aber sicher ist er nicht, denn bei Eltern weiß man ja nie.

Manfred Mai

Warum braucht Alexander ein Handy?
Warum braucht Alexander kein Handy?
Besprecht es in der Gruppe.
Zu welchem Schluss kommt ihr?

Die anderen Geschichten

„Großvater, erzähl mir, wie'st klein warst", verlangte ich als Kind von meinem Großvater jeden Abend, vor dem Einschlafen, wenn ich im Bett lag.
Und der Großvater erzählte, bis meine Mutter aus der Küche grantig zu uns rein rief:
„Großvater, ist schon spät, die Christl muss doch jetzt wirklich schlafen!"
Ich glaube, der Großvater erzählte sehr gern. Auf alle Fälle hörte ich ihm gern zu, und nie kam ich auf die Idee, dass der Großvater beim Erzählen gewaltig schwindeln konnte. Ich wunderte mich bloß ein bisschen darüber, dass er, alt geworden, nun so ganz anders war, als früher, in seiner Kinderzeit.
Der alte Großvater war sehr gescheit und sehr lustig, sehr freundlich und sehr leise, jedem Streit ging er aus dem Weg, immer gab er gleich nach, und ein bisschen patschert und ein bisschen feige war er auch.

Der kleine Großvater, von dem der Großvater erzählte, war zwar auch sehr gescheit und sehr lustig, aber er war sehr laut. So laut sogar, dass sich die Nachbarn jeden Tag darüber beschwerten, und seine Eltern dauernd von einer Wohnung in eine andere umziehen mussten, weil sie wegen ihrem lauten Kind überall die Kündigung bekamen.

Mutig und tapfer war der kleine Großvater auch.
Riesengroßen, zähnefletschenden Hunden ging er ohne zu zittern entgegen, streichelte sie und teilte mit ihnen sein Schulbrot.

Und sehr schlau war er!

Mit drei viel größeren Buben ließ er sich, wenn es sein musste, auf eine Rauferei ein. Weil die drei großen Buben zusammen natürlich viel stärker als er waren, konnte er sie nur mit Tricks zu Boden ringen. Aber Tricks fielen dem kleinen Großvater immer ein, und zum Schluss lagen dann die drei großen Buben halb ohnmächtig da, und der kleine Großvater ging lachend davon.

Flink wie ein Wiesel und unheimlich geschickt war er außerdem. Da war keine Mauer so hoch, dass der kleine Großvater nicht hätte drüber klettern können, kein Fluss so reißend, dass er nicht ans andere Ufer hätte schwimmen können, kein Felsen so steil, dass er nicht bis zur Spitze hätte raufkraxeln können. Gern ging er auch in der Nacht auf Hausdächern, oben auf dem First spazieren.

Und keinem Streit ging der kleine Großvater aus dem Weg. Wenn dem etwas nicht passte, und er genau wusste, dass er recht hatte, dann krachte es. Da flogen die Fetzen, und schließlich siegte er immer!

So einen kleinen Buben gibt es natürlich gar nicht, so einen hat es sicher auch nie gegeben. Und wenn es jemals so einen gegeben haben sollte, dann war das garantiert nicht mein Großvater. Aber dem Großvater machte es halt Spaß, sich jeden Abend wieder diesen kleinen Großvater, der er gern gewesen wäre, zusammenzuträumen.

Christine Nöstlinger

Was erzählen deine Großeltern über ihre Kindheit?

Wie würdest du dich gerne einmal zusammenträumen?

Heute probieren wir's

Ich drücke meiner großen Schwester ein 2-Euro-Stück in die Hand. Mutter drückt ihr den Zettel in die andere.
5 Auf dem Zettel steht, was Nora einkaufen soll.

„Drei Brötchen", sage ich und zeige zur Zettelhand.
„Zwei Euro", sagt Mutter und
10 zeigt zur Geldhand.
Meine Schwester nickt, sieht auf die eine, dann auf die andere Hand. Ich glaube, sie hat verstanden, was wir meinen.
15 „Ge-hen", sagt sie langsam.
„Ja", sagt die Mutter.
Nora setzt sich auf den Stuhl im Flur. Das tut sie immer, wenn man ihr die Schuhe anziehen und
20 zubinden soll. Vor allem das Zubinden schafft sie nicht. Und jetzt geht meine große Schwester zum ersten Mal alleine zum Bäcker. Immer wieder haben wir das mit ihr
25 geübt und ihr alles genau gezeigt. Das muss man auch, sonst kann sie es sich einfach nicht merken.

Mutter öffnet die Wohnungstür und streicht Nora über die Haare.
30 Nora bleibt stehen.
„Was ist?", fragt Mutter.
Meine Schwester hört irgendetwas und lächelt.
„Psst", sagt Mutter. „Musik."
35 Manche Dinge bekommt Nora schneller mit als wir.
Einen Moment sind wir ruhig im Flur. Hören zu dritt leise Musik aus dem Treppenhaus. Plötzlich klatscht
40 Nora in die Hände und freut sich.
„Tschüss", sagt Mutter dann und schließt die Wohnungstür.
Nora geht los, mit Zettel und Geld.

Wir stellen uns nebeneinander ans
Küchenfenster. Von hier oben im dritten Stock können wir genau sehen, was auf der Straße passiert.

„Wo steckt sie denn?", fragt Mutter ungeduldig. „Hoffentlich hat sie sich nicht einfach auf eine Treppenstufe gesetzt und bleibt sitzen."
In diesem Augenblick kommt Nora drei Stockwerke unter uns aus der Haustür.
„Da ist sie!", sage ich.
„Toll", sagt Mutter. „Das erste Hindernis hat sie geschafft."
Eigentlich sieht das aus wie bei anderen auch, wenn Nora den Gehsteig entlanggeht.
Erst einmal kann sie nicht viel falsch machen. Sie braucht nämlich nur immer geradeaus zu gehen, aber gleich wird's schwieriger.
„Jetzt muss sie über die Straße", sagt Mutter.
„Schafft sie bestimmt", sage ich.
„Haben wir oft geübt."
Wir gucken nach unten, wo meine große Schwester an der Fußgängerampel wartet.

„Warum drückt sie den Knopf denn nicht?", fragt Mutter.
„So wird's nie Grün."
Am liebsten würde sie losrennen und den Knopf für Nora drücken. Das sehe ich ihr an.
„Guck ... sie hat gedrückt", sage ich.
Mutter fasst mich am Arm und beißt sich auf die Unterlippe. Das macht sie immer, wenn sie sich aufregt.
„Geh nicht gleich los", bittet sie, als würde sie neben Nora stehen.
Auf die Idee loszugehen könnte Nora wirklich kommen, weil weit und breit kein Auto zu sehen ist.
„Nee, tut sie nicht", sage ich, obwohl ich gar nicht so ganz sicher bin.
„Es ist doch Rot."
Nora muss sich genau an die Regeln halten. Sie kann den Verkehr nämlich nicht so gut einschätzen wie andere. Außerdem reagiert sie langsamer, wenn zum Beispiel ein Auto kommt. Sie hat nämlich bei der Geburt eine Zeit lang keine Luft bekommen. Dabei ist etwas mit ihrem Gehirn passiert.

„Rotes Männchen … stehen! Grünes Männchen … gehen!", flüstert Mutter. So haben wir das Nora oft gesagt und vorgemacht.
105 Sie muss es behalten haben.
„Rotes Männchen … stehen! Grünes Männchen … gehen!"
Und Nora bleibt wirklich stehen.
„Schön, dass sie das jetzt kann!",
110 freue ich mich.
„Du, das hätten wir uns vor einiger Zeit nicht träumen lassen", sagt meine Mutter und stupst mich.
„Stimmt", sage ich. „Da konnte sie
115 ja nicht mal ihren Namen richtig aussprechen."

„Sie lernt zurzeit prima", sagt Mutter. „Man versteht schon mehr von dem, was sie sagt."
120 Nora ist über die Straße gegangen. Sie steht bewegungslos, als würde sie nachdenken. Hat sie vergessen, wohin sie soll?
„Nach rechts musst du. Geh nach
125 rechts!", sagt Mutter. Da dreht sich Nora etwas und geht … nach rechts.
„Irre!", sagt Mutter und pustet Luft aus.

Achim Bröger

Schuschu

Gestern kam der Mond zu mir,
brachte Grüße mit von dir,
irgendwo von weit, weit her,
über mir ein Sternenmeer.

Uh, was habe ich gestaunt,
leise dir ins Ohr geraunt,
schubiduaschubidu
ich hab dich lieb und was hast du?

Susanne Vettiger

Schneggla

Spatzerl

Herzi   *Mäusle*

Kosenamen

Land	Wort	Aussprache	Übersetzung
Ägypten	حبيبتي	ja habibäti	mein Liebling
England	pumpkin	pampkinn	Kürbis
Frankreich	ma puce	ma pühß	mein Floh
Niederlande	schatje	schattje	Schätzchen
Russland	малышка	mallischka	meine Kleine
Türkei	Kuzum	Kusumm	Schäfchen

Zeiten und Räume

Danas Uhrwerk

In ihrer kleinen Werkstatt unterm Dach
sammelt Dana Pendel, Wecker und Uhren.

Mit kleinen Werkzeugen und viel Geduld
öffnet sie die Uhren, baut sie auseinander
5 und anschließend wieder zusammen.
Auf ihre Art.

Dann verschenkt sie sie.

Ihrem Papa hat Dana einen Wecker geschenkt.
Ins Gehäuse hat Dana einige Prisen Zeit rieseln lassen,
10 um die verlorenen Stunden einzuholen.
Das war das Schönste, das sie ihm schenken konnte,
ihrem Papa, der immerzu von einem Ende der Welt
ans andere eilt.

„Alles für meine Geschäfte", sagt er.
15 Wenn er einmal seine ganze
verlorene Zeit eingeholt haben wird,
denkt Dana, wird ein bisschen für sie
übrig bleiben.

Zu Weihnachten schenkt Dana ihrer Großmutter
20 eine schöne alte Standuhr.
Mit einem großen Pendel aus Zinn,
das hinter einer Glasscheibe hin und her schwingt.
Ins Uhrwerk hat Dana viel Zeit fließen lassen,
zum Zeitvertreib. Damit jede Minute schön wird.
25 Damit die Erinnerungen nicht
zu stechenden Stecknadeln werden.
Damit der Großvater zu einem Licht wird,
das da oben wartet.

Und für ihren kleinen Bruder hat sich
30 Dana eine Spezialapparatur
ausgedacht.
Ein Taschenuhrpendel mit extra viel
Zeit zum Trödeln. Trödeln ist schön.
Es ist weich und süß. Silbern und golden.
35 Es ist das schönste Geschenk,
das sie ihm gemacht hat.
Ein Geschenk zum Träumen.

Text: Agnès de Lestrade
Bilder: Constanza Bravo

Mal geht die Zeit für dich langsam.
Mal geht die Zeit für dich schnell.
Mal ist sie schön, mal unangenehm.
Welche Beispiele fallen dir ein?

```
Die Zeit verrinnt
Die Zeit verrinnt
Die Zeit verrinnt
Die Zeit verrinnt
Die Zeit verrinnt
Die Zeit verrinnt
Die Zeit verrinnt
Die Zeit verrinnt
 Die Zeit verrin
  Die Zeit ve
   Die Zei
    Di
     e
     Z
     e
     i
     t
     v
     e
     r
      r
    Di i
   Di eZe ve
   Zeit verrin
  ie eit viZeit ver
 ver i eit viZeit ver
 ev t rnnie  Zeirrinnt
```

Harald Reger

Sekundenkleber

Sekundenkleber klebt Sekunden.
Erst zu Minuten, dann zu Stunden.
Und so entstehen mit der Zeit
auch Jahre und die Ewigkeit.

Frantz Wittkamp

Jetzt

Wann ist eigentlich jetzt?
Na ganz einfach. Jetzt!
Und jetzt?
Jetzt ist auch jetzt!
5 Aber es war doch gerade jetzt.
Da kann doch wohl nicht schon wieder jetzt sein.
Oder doch?
Klar. Auf jetzt folgt jetzt.
Ununterbrochen.
10 Jetzt.
Jetzt.
Jetzt.
Wie lange dauert jetzt?
Wenn man es langsam spricht: J e t z t.
15 Wenn man es schnell spricht: Jetzt.
Man muss es denken.
Das geht am schnellsten.
Jetzt!
Man denkt es, und schon ist es vorbei.
20 Wenn man sein ganzes Leben daran denkt,
weiß man immer, wann gerade jetzt ist.
Jetzt. Jetzt. Jetzt. Jetzt. Jetzt.
Aber man kann dann gar nichts anderes mehr tun.
Jetzt nicht.
25 Und jetzt nicht.
Und überhaupt nie.
Darum hör ich auf damit.
Jetzt.

Gerald Jatzek

Fritzi war dabei

„Fritzi, wach auf!"
Papa hat das Licht über meinem Bett angeknipst.
„Fritzi, wir fahren nach München!
5 Zur Oma. Steh auf!"
Sehr witzig. Papa und Mama gucken echt zu viel Westfernsehen.
„Fritzi, wirklich: Die Grenze ist offen! Wir fahren rüber, gleich heute!"
10 Jetzt bin ich wach.
„Wie spät ist es denn?"
„Fünf."
„Und warum ist die Grenze auf?"
„Weil, weil ... Ich weiß auch nicht.
15 Weil ein Wunder passiert ist!"
„Und die Schule?"
„Die schwänzt du heute mal.
Am Montag sind wir wieder da."

Bin ich überhaupt wach oder träume
20 ich noch? Die Straße ist voller heller Punkte. Wo sonst ganz wenige Autos fahren, sind jetzt ganz viele. Und alle fahren in dieselbe Richtung. Als es hell wird, sind wir schon fast an
25 der Grenze.
„Kinder, ein Stau!", ruft Papa nach hinten. Ich war noch nie in einem Stau, aber so, wie Papa schreit, muss es was ganz Tolles sein.

30 Ganz langsam zuckeln wir voran.
Rechts und links sind Zäune mit Stacheldraht. Vor uns stehen Türme, so ähnlich wie die für die Jäger im Wald, nur höher und aus Stein.
35 „Gestern hätten die hier noch geschossen", sagt Papa und schüttelt den Kopf.
Es dauert ewig, bis wir am Grenzhäuschen sind. Papa reicht unsere
40 Ausweise zum Fenster raus. Der Mann mit der Uniform schlägt sie kurz auf, nickt mit dem Kopf und gibt die Ausweise zurück.
„Gute Fahrt!", sagt er, sonst nichts.
50 Und was sagt Papa? „Wahnsinn!"

Hanna Schott

Fritzi war zur Zeit der Maueröffnung (1989) neun Jahre alt. Wie alt ist sie heute?

Das kann ich schon: Eine Landkarte lesen

Betrachte das Bild und lies die Überschrift. Was weißt du schon darüber? Was vermutest du?

Zwei Deutschlands

Früher gab es zwei Deutschlands, und wer in Leipzig wohnte und eine Oma in München hatte, durfte sie nicht besuchen.
5 In Berlin gab es sogar eine hohe und ganz streng bewachte Mauer, damit niemand vom Osten der Stadt in den Westen kam, wenn er nicht eine Erlaubnis
10 hatte. So eine Erlaubnis bekamen aber nur ganz wenige.

Immer mehr Menschen wollten die DDR verlassen und stellten einen Ausreiseantrag. Schließlich nahmen im Sommer 1989 ganz viele Leute all ihren Mut zusammen und demonstrierten.
15 In Leipzig waren es besonders viele. Sie demonstrierten so lange, bis eines Abends ein Politiker, der Schabowski hieß, zu stottern anfing, als er von einem Journalisten gefragt wurde, wann denn endlich alle in den Westen reisen dürften.
„Nach meiner Kenntnis ... ist das sofort ... unverzüglich", sagte er
20 schließlich, und da machten sich die Ersten schon auf den Weg zur Grenze.

Hanna Schott

Was weißt du jetzt?

Das magische Baumhaus

„Hilfe! Ein Monster!", schrie Anne.
„Lauf, Philipp!"
Sie rannte in den Wald.
Oh Mann! Das hatte man davon,
wenn man seine Zeit mit seiner
siebenjährigen Schwester
verbrachte.
Für Anne gab es nichts Schöneres,
als sich ständig etwas Verrücktes
vorzustellen. Aber Philipp waren
Tatsachen lieber.
„Hierher!", rief Anne.
Sie stand unter einer großen Eiche.
„Schau mal!", sagte sie und deutete
auf eine Strickleiter. Die Leiter führte
bis ganz hoch in die Baumkrone.
Und dort, zwischen den Zweigen,
war ein Baumhaus.
„Das ist bestimmt das höchste
Baumhaus der Welt!", meinte Anne.
„Ich klettere mal hoch."
Philipp seufzte.
„Anne, es ist schon fast dunkel.
Wir müssen nach Hause!"
Anne war mittlerweile in dem
Baumhaus verschwunden.
„Bücher!", rief Anne.
„Was?"
„Es ist voller Bücher!"

Philipp krabbelte durch das Loch
im Boden des Baumhauses.
„Schau, hier ist ein Buch für dich!"
Anne hielt ein Buch über Dinosaurier hoch. Ein blaues, seidenes
Lesezeichen ragte heraus.
„Zeig mal." Philipp nahm Anne
das Buch aus der Hand. Er schlug
das Dinosaurier-Buch bei dem
Lesezeichen auf. Er konnte einfach
nicht anders. Da war das Bild eines
fliegenden Reptils, eines Pteranodons. Philipp fuhr mit dem Finger
die riesigen, fledermausartigen
Flügel nach.
„Oh Mann!", flüsterte er.
„Ich wünschte, ich könnte so ein
Pteranodon mal in Wirklichkeit
sehen."

„Ahhh!", schrie Anne.
„Was ist?", fragte Philipp erschrocken.
„Ein Monster!", kreischte Anne und deutete aus dem Fenster.
Philipp sah hinaus. Draußen segelte ein gigantisches Tier über die Baumwipfel. Es hatte ein seltsames Horn am Hinterkopf und riesige, fledermausartige Flügel. Es segelte direkt auf das Baumhaus zu.
Das Baumhaus begann, sich zu drehen. Es drehte sich immer schneller. Philipp kniff die Augen zu und klammerte sich an Anne. Dann war plötzlich alles still. Totenstill. Philipp öffnete seine Augen wieder.

Das Pteranodon segelte über den Himmel. Der Boden war mit riesigen Farnen und hohen Gräsern bewachsen. Philipp sah einen Fluss und in der Ferne Vulkane.
„Wo...wo sind wir denn?", stammelte Philipp.
Das Pteranodon landete am Fuß des Baumes und saß ganz still.
„Was ist passiert?", fragte Anne. Sie sah aus dem Fenster. Das Pteranodon saß am Fuß der Eiche. Wie eine Wache. Seine riesigen Schwingen hatte es zu beiden Seiten ausgebreitet.
„Hallo!", rief Anne nach unten.
„Psst", machte Philipp. „Wir dürften bestimmt nicht hier sein."
„Aber wo ist ‚hier'?", fragte Anne.
„Keine Ahnung", antwortete Philipp. Er sah in das Buch und las den Text unter dem Bild:

Dieses fliegende Reptil lebte in der Kreidezeit und starb vor 65 Millionen Jahren aus.

Nein, unmöglich. Sie konnten doch nicht in die Kreidezeit gereist sein!

„Sind wir hier in der Vergangenheit?", fragte Anne.
Plötzlich hielt sie die Luft an und flüsterte dann: „Philipp!"
Er sah auf.
Anne deutete auf den Hügel.
Dort stand ein riesiger Dinosaurier! Er stand auf dem Hügel und fraß Blüten von einem Baum.
„Oh Mann!", flüsterte Philipp. „Wir sind wirklich in der Vergangenheit!"
Der Dinosaurier sah aus wie ein riesiges Nashorn. Nur dass er drei Hörner statt eines hatte. Zwei lange über den Augen und eins auf seiner Nase. Hinter seinem Kopf hatte er ein großes, schildartiges Ding.
„Triceratops!", rief Philipp.
„Frisst er Menschen?", fragte Anne.
„Ich schau mal nach." Philipp nahm das Dinosaurier-Buch und blätterte darin.
„Da!", sagte er und deutete auf ein Bild des Triceratops. Er las die Bildunterschrift vor:

> *Der Triceratops lebte zum Ende der Kreidezeit. Dieser pflanzenfressende Dinosaurier wog über fünf Tonnen.*

Philipp klappte das Buch zu.
„Nur Pflanzen, kein Fleisch."
„Komm, wir schauen ihn uns mal aus der Nähe an", sagte Anne.
„Bist du verrückt?", fragte Philipp.
„Willst du dir keine Notizen über ihn machen?", fragte Anne. „Wir sind bestimmt die ersten Menschen auf der ganzen Welt, die jemals einen lebendigen Triceratops gesehen haben."
Philipp seufzte. Sie hatte ja recht.
Er schob das Dinosaurier-Buch in seinen Rucksack, nahm ihn auf den Rücken und kletterte die Leiter nach unten. Plötzlich …

Mary Pope Osborne

Zu diesem Buch gibt es auch ein Forscher-Handbuch.

Ein Schnurps grübelt

Also, es war einmal eine Zeit,
da war ich noch gar nicht da. –
Da gab es schon Kinder, Häuser und Leut'
und auch Papa und Mama,
5 jeden für sich –
bloß ohne mich!

Ich kann mir's nicht denken. Das war gar nicht so.
Wo war ich denn, eh es mich gab?
Ich glaub', ich war einfach anderswo,
10 nur, dass ich's vergessen hab',
weil die Erinnerung daran verschwimmt –
ja, so war's bestimmt!

Michael Ende

Manchmal

Manchmal
wachst du erwartungsvoll auf:
der Morgen.
Der ist neu
5 wie keiner vorher.

Alles ist anders.
Sogar wie die Sonne scheint.
Und du denkst:
Heute wird etwas geschehn.
10 Etwas,
was es nie vorher gab.
Und du wartest darauf.

Du wartest die ganze Zeit.
Aber nichts geschieht.
15 Ein ganz gewöhnlicher
Tag ging vorbei.
Nur der Morgen war neu
und so anders.

Susanne Kilian

Sommer

Zum Strand!

„HEISS!", sagt Lutz.
„SCHWEISS!", sagt Butz.
„SCHWÜL!", sagt Mats.
„SCHWIMMEN?", fragt Fratz.
5 „Zum Strand!", sagen Lutz,
Butz, Mats und Fratz.

„Badesachen", sagt Lutz.
„Sonnencreme", sagt Butz.
„Sonnenbrillen", sagt Mats.
10 „Sonnenhüte!", sagt Fratz.
„UND … LOS!", sagen Lutz,
Butz, Mats und Fratz.

„Zum Strand!", sagt Lutz.
„Wo lang?", fragt Butz.
15 „Nach rechts", sagt Mats.
„Nach links", sagt Fratz.
„VERIRRT!", seufzen Lutz,
Butz, Mats und Fratz.

Sie strampeln heftig,
20 sie strampeln wild,
sie suchen überall ein Schild.
Sie strampeln hüben,
sie strampeln drüben,
sie strampeln in ein Feld mit Rüben.
25 „PICKNICK!", sagen Lutz, Butz, Mats und Fratz.

„Pizza …", sagt Lutz.
„Pommes …", sagt Butz.
„Popcorn …", sagt Mats.
„Rülps!", sagt Fratz.
30 „NICKERCHEN", sagen Lutz, Butz, Mats und Fratz.

Sie schlafen bis EINS.
Sie schlafen bis ZWEI.
Sie schlafen bis DREI
und bis VIER Uhr vorbei.

35 „LOS!", sagt Lutz.
„Aber wohin?", fragt Butz.
„Da rauf", sagt Mats.
„Da RAUF?", fragt Fratz.
„TRETEN!", sagen Lutz, Butz, Mats
40 und Fratz.

„Sand!", sagt Lutz.
„Wasser!", sagt Butz.
„Wellen!", sagt Mats.
„Quallen", sagt Fratz.
45 „Strand!", sagen Lutz, Butz, Mats
und Fratz.

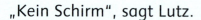

„Kein Schirm", sagt Lutz.
„Kein Eis", sagt Butz.
„Kein Korb", sagt Mats.
50 „Kein Mensch", sagt Fratz.
„KEINE SONNE!", schreien Lutz, Butz,
Mats und Fratz.

Lutz, Butz, Mats und Fratz gucken hoch.
Lutz, Butz, Mats und Fratz lächeln.
55 Und sie schwimmen im Mondenschein.

Text: Patricia Lakin / Bilder: Sabine Wilharm

Als wir einmal zum Baden wollten …

Sommerabend

Die Himmelswiese
ist leer
Der rote Ball
hat sich
schläfrig verdrückt

Er will nicht mehr
spielen

Anne Steinwart

Sonnenuhr

So geht es:
Für die Sonnenuhr brauchst du ein kleines Stöckchen.
Das Stöckchen klemmst du in deine Handfläche und hältst es
mit dem Daumen fest. Schon hast du den Sonnenuhrzeiger.

Morgens klemmst du den Zeiger
in deine linke Hand,
die Hand musst du dabei
flach ausstrecken.
Sie zeigt nach Westen.
Das ist da, wo die Sonne
abends untergeht.

Nachmittags klemmst du
den Zeiger dann
in die rechte Hand.
Halte die Hand nach Osten.
Das ist da, wo morgens
die Sonne aufgeht.
Nun musst du nur noch wissen,
wo auf der Hand
die Zahlen stehen.
Und blitzschnell hast du
die Uhrzeit.

Suche weitere Informationen über Sonnenuhren im Lexikon.

Diese Sonnenuhr gibt es schon lange. Unsere Vorfahren
erfanden sie bereits im Mittelalter. Pfiffig, nicht wahr?

Der Sommer

Er trägt einen Bienenkorb als Hut,
blau weht sein Mantel aus Himmelsseide,
die roten Füchse im gelben Getreide
kennen ihn gut.

Sein Bart ist voll Grillen.
Die seltsamsten Mären
summt er der Sonne vor, weil sie's mag,
und sie kocht ihm dafür jeden Tag
Honig und Beeren.

Christine Busta

Siebenschläfer

Henrik zählte schon die Tage bis zum Sommerurlaub.
Diesmal sollte es an die Nordsee gehen.
„Hoffentlich ist das Wetter prima", sagte er
zu seinem Opa.
5 „Heute ist Siebenschläfer", meinte der Opa.
„Wenn es da regnet, bleibt's sieben Wochen
lang so mies."
Henrik erschrak. „Wieso denn?", fragte er.
„Na ja, so sagt man halt.
10 Und meistens ist es auch so."
Als der Opa das entsetzte Gesicht
von Henrik sah, weil es tatsächlich
recht trüb war, sagte er:
„Das muss ja auch nicht stimmen.
15 Es beruht auf einer Legende. Da sollen sich
im Jahr 251 sieben Jünglinge während
der Christenverfolgung auf der Flucht in einer Höhle
bei Ephesus verborgen haben und während des Schlafes
eingemauert worden sein."
20 „Und deswegen muss es dann sieben Wochen lang regnen?"
Der Opa lachte. „Halte dich lieber an den Wetterbericht."
Henrik seufzte. Auf den Wetterbericht ist auch nicht immer Verlass,
dachte er. Man muss es eben nehmen, wie es kommt.

Isolde Heyne

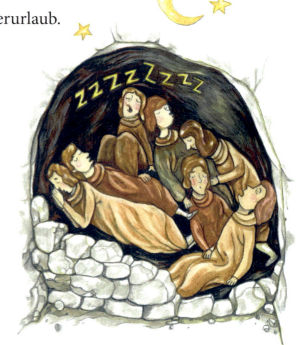

Es gibt auch Bauernregeln dazu.

Das Gewitter

Hinter dem Schlossberg kroch es herauf:

Tragt das Gedicht so vor, dass man das Gewitter hört.

Wolken – Wolken!
Wie graue Mäuse,
ein ganzes Gewusel.
Zuhauf jagten die Wolken gegen die Stadt.
Und wurden groß
und glichen Riesen
und Elefanten
und dicken, finsteren Ungeheuern,
wie sie noch niemand gesehen hat.
Gleich geht es los!,
sagten im Kaufhaus Dronten
drei Tanten
und rannten heim, so schnell sie konnten.
Da fuhr ein Blitz
mit helllichtem Schein,
zickzack,
blitzschnell
in einen Alleebaum hinein.
Und ein Donner schmetterte hinterdrein,
als würden dreißig Drachen
auf Kommando lachen,
um die Welt zu erschrecken.
Alle Katzen in der Stadt
verkrochen sich
in die allerhintersten Stubenecken.
Doch jetzt ging ein Platzregen nieder!
Die Stadt war überall
nur noch ein einziger Wasserfall.
Wildbäche waren die Gassen.

Plötzlich war alles vorüber.
Die Sonne kam wieder
und blickte vergnügt
auf die Dächer, die nassen.

Josef Guggenmos

Anton taucht ab

Wir waren ganz allein, keine Menschenseele hing um halb sieben Uhr morgens am Steg rum.
Das hatte schon mal gut geklappt.
Der See lag ruhig da. Ruhig und dunkel. Zum ersten Mal in meinem Leben betrat ich den Steg.
Ganz vorne, an der äußersten Spitze des Stegs, stellte ich das Gurkenglas ab. Piranha schwamm aufgeregt an die Scheibe und schaute nach draußen. Ob er seinen See erkannte? Ob er sich auf seine Familie freute?
Dann legte ich mich auf den Bauch.
Ich rutschte nach vorne, sodass mein Kopf über den Steg hinausragte und in der Luft hing. Da war das Wasser, da, direkt unter mir, der Horror.
Mein Plan war so: Ich wollte Piranha auskippen und dabei mit der Taucherbrille unter Wasser sein. Aber nur mit der Taucherbrille, höchstens noch die Stirn und die Nase dazu. Der Rest vom Körper sollte auf dem Steg und in der Luft bleiben.

Ich setzte die Taucherbrille auf. Und ich beugte mich runter. Uaah ... Vorsichtig tauchte ich mit der Taucherbrille ein. Die Augen machte ich dabei zu. Meine Haarspitzen wurden nass, ich musste mich am Steg festhalten.
Ich sagte: „Piranha, jetzt gehst du auf Reisen."
Schon um das Gurkenglas mit einer Hand hochzuheben, musste ich mich aufbäumen und irrsinnig viele Bauchmuskeln anspannen.
Ich wollte sagen: „Hab keine Angst vor den Schlingpflanzen", aber das war alles zu anstrengend. Das Glas wog mindestens eine Tonne!

Kurz konnte ich es in der Luft halten. Bevor ich es ausgoss, wollte ich meinen Kopf unter Wasser bringen.

45 Sonst hätte ich doch alles verpasst. Dazu musste ich die andere Hand vom Steg loslassen. Es wurde ein bisschen viel für meine Bauchmuskeln. Meine Beine hatten keinen Halt.

50 Als die Bauchmuskeln aufgaben, riss das schwere Glas meine Arme nach unten und meine Beine nach oben.
Ich fiel.

55 Ich fiel hinunter in die Tiefe. Und ich landete mit einem „Platsch" im See. Der ganze See um mich herum und ich mitten drin.
Es war nass und kalt. Trotzdem wurde

60 mir heiß. In meinem Kopf brüllte es: „Raus, raus, raus!" Meine Beine zappelten, weil ich ganz kurz den Gedanken hatte, dass eine Feuerqualle kommen und mich berühren könnte.

65 Da sah ich Piranha. Er schwamm im Gurkenglas. Durch die Taucherbrille konnte ich ihn wirklich erstaunlich gut sehen. Das war komisch, da wir uns doch mitten in der schwarzen

70 Horrorbrühe befanden.
Piranha schwamm gegen die Scheibe. Er wollte raus. Ich wollte auch raus! Aber erst Piranha. Ich kippte das Glas für ihn.

75 Ein Flossenschlag, und sein Körper glitt in den See. Als er merkte, dass er nicht mehr im Glas war, machte er größere Flossenschläge, die ihn wie eine Rakete durchs Wasser schnellen

80 ließen. Er zischte mit drei Haken davon. Das Wasser glitzerte.
„Alles klar, Kumpel!", rief ich ihm nach. „Lass dich nicht unterkriegen!"

Milena Baisch

😊 Das kann ich schon: verstehen, wie Anton sich fühlt

Ich liebe Bücher

Verwurmter Apfel

Ein Wurm sucht sich 'nen Apfel aus
und sagt: „Der Apfel wird mein Haus!"
Dann kriecht er in den Apfel rein
und richtet seine Wohnung ein.
5 Den größten Teil macht er zum Klo.
(Das ist bei Würmern immer so.)
Jetzt sieht ein Mensch mit viel Vergnügen
den Apfel in der Wiese liegen.
Er freut sich sehr und ruft beglückt
10 – indem er sich zum Apfel bückt:
„Ein Apfel, ein ganz feiner.
Den ess ich, das ist meiner!"
Doch gleich darauf merkt der Mensch entsetzt:
Der Apfel ist ja schon besetzt.

Schicksal

Der
Apfel muss
Apfelmus
werden.

Drachenlachen

Wenn Drachen
beim Lachen
den Drachenrachen
weit aufmachen,
5 freut sich der Poet.
Weil durch dieses Lachen
tief im Drachenrachen
ein schöner Reim entsteht.

A-E-I-O-U

Ob ich eine lange Schlange
abends ohne Bange fange
oder eine kecke Schnecke
unter eine Decke stecke,
5 ob ich ein Stück Rinde finde
und an eine Linde binde
oder eine große Rose
morgens in die Soße stoße
oder meine Spucke schlucke
10 und zu einer Glucke gucke,
alles das ist allemal
völlig gleich und ganz egal.
Weil sich nur das Wort am Schluss
mit dem nächsten reimen muss!

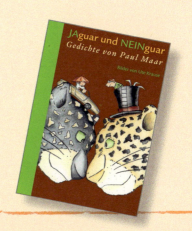

Gedichte: Paul Maar / Bilder: Ute Krause

Paul Maar kennt gute Tricks zum Reimen

*Das ist der Autor Paul Maar.
Er hat die Gedichte in
„JAguar und NEINguar" geschrieben.
Paul Maar schreibt auch Kinderbücher,
zum Beispiel die Geschichten
vom Sams.*

Welche Gedichte und Geschichten von Paul Maar findest du im Lesebuch?

Wie sieht Ihr Arbeitstag aus?

Wenn ich an einem neuen Buch arbeite, setze ich mich gegen neun Uhr an den Schreibtisch und schreibe bis zum Mittag. Die ersten zehn oder zwölf Seiten schreibe ich mit der Hand
5 auf einen Briefblock. Wenn der Anfang stimmt und wenn ich meine Figuren gefunden habe, schreibe ich diese Seiten auf dem PC ab. Dann bin ich schon so in der Geschichte, dass ich am Computer weiterschreiben kann. Nach einem Mittagessen und einem langen Spaziergang schreibe ich dann noch zwei bis drei Stunden weiter
10 oder ich beantworte Kinderpost.

Woher haben Sie die Einfälle für Ihre Reime und Gedichte?

Meine Reime und Sams-Gedichte fallen mir nicht nebenher und spielerisch ein. An einem kurzen Gedicht sitze ich oft einen ganzen Nachmittag, manchmal sogar einen ganzen Tag, bis alles stimmt.
15 Immer wieder muss ich witzige Reimzeilen wegwerfen, weil sich einfach kein gutes Reimwort finden lässt. Oder ich muss den Satz umstellen, damit ein anderes Wort am Ende der Zeile steht, zu dem es ein Reimwort gibt.

Haben Sie einen Tipp, um gute Reime zu finden?

Es gibt ein einfaches Mittel, um überhaupt erst mal auf ein Reimwort zu kommen: Ich suche zum Beispiel ein Wort, das sich auf „laut" reimt.
Ich schreibe mir an den oberen Rand der Seite (reimen kann ich nur handschriftlich, nie am Computer) „aut" und gehe nun das Alphabet durch: B: baut, C: gibt's nichts, D: daut → verdaut, F: wieder nichts. Dann geht noch „haut", „kaut", „saut" (versaut, angesaut, schaut).
Mehr gibt es nicht. Manchmal stelle ich fest, dass keins der so gefundenen Reimwörter vom Inhalt her passt. Dann muss ich das Wort „laut" durch ein anderes ersetzen, zum Beispiel durch „schrill". Das passt dann. Und „laut" kann ich in der Zeile trotzdem unterbringen:
Das Sams ist manchmal ziemlich schrill,
weil es am liebsten laut sein will.

Missratenes Gedicht 1

Jetzt sitze ich schon Stunden hier
und suche nach dem Reim.
Von viertel zwei bis fünf nach vier,
doch mir fällt keiner eim!

Missratenes Gedicht 2

Was ist nur los
mit dem Gedicht?
Die letzte Zeile
reimt sich kaum.

Ute Krause malt gern Unsinnsbilder

Ute Krause schreibt Geschichten und malt als Illustratorin Bilder zu Texten, zum Beispiel zu den Gedichten in „JAguar und NEINguar".

Im Sommer arbeite ich hier am liebsten. Da ist das beste Licht.

In meiner Wohnung arbeite ich, wenn es mir draußen zu kalt ist.

Als Kind habe ich mal in einem Internat in Indien gewohnt. Dort hatte ich eine Zeichenlehrerin, die mich bei einem Zeichen-Wettbewerb angemeldet hat. Da bin ich auf den ersten Platz gekommen. Von da an dachte ich: „He, ich kann ja malen."
5 So ging das Ganze los. Als ich 23 Jahre alt war, habe ich mein erstes Bilderbuch gemacht. Ich bekam dann immer mehr Aufträge, Bilder zu malen.

Bei den Bildern zu Gedichten oder Wortspielen ist es oft so, als ob ich einen verrückten Kuchen backe – mit allen möglichen Zutaten, die nicht zusammengehören. So ähnlich mache ich das. Da wird aus dem Normalen oft das Unnormale, richtig schöner Unsinn.

Oft habe ich zu einem Text plötzlich ein Bild in meinem Kopf und das zeichne ich dann. Woher die Ideen kommen, ist schwer zu beschreiben. Bei dem Gedicht „Gelogen" fiel mir die Geschichte von Pinocchio ein, der doch immer eine lange Nase vom Lügen bekommt.

Gelogen

Was du hier liest,
ist kein Gedicht,
ist endlos lang
und reimt sich nicht.

Wenn ich Gedichte illustriere, kann ich alles so machen,
wie ich will.
Aber bei Geschichten muss ich sehr gut aufpassen,
dass mein Bild keine Fehler hat. Zum Beispiel, dass ich
die Krawatte nicht schwarz male, wenn im Text steht,
dass sie gelbe Punkte hat. Wenn so etwas passiert,
kommen gleich Beschwerdebriefe von Kindern.
Die passen nämlich sehr gut auf!

Die Geschichte von Ente und Frosch

Es ist ein warmer Sommertag. Genau das richtige Wetter zum Tauchen, denkt Ente. Ich werde Frosch fragen, ob er mitkommt. Ente macht sich auf den Weg zu Frosch. Sie öffnet
5 die Tür zu seinem Zimmer. Frosch sitzt am Tisch vor dem Fenster. Ente hört, wie er vor sich hin murmelt:
„So ist es. Allerhand. Na so was …"
„Was machst du da?", fragt Ente.
10 „Ich lese", sagt Frosch mit wichtiger Miene. Eine große Medaille baumelt an seiner Brust. Die hat er bekommen für seinen Mut in einer gefährlichen Situation. So hat Frosch es Ente einmal erzählt. Aber Otter meint, Frosch hat
15 sie gefunden. Genau wie die Lesebrille. Das hat Otter selbst gesehen.
„Was liest du?", fragt Ente.
„Es handelt von äußerst bedeutenden Angelegenheiten, über die ich nichts
20 verlauten lassen darf", sagt Frosch feierlich. Ente schweigt, sie ist beeindruckt.
„Dann kommst du also nicht mit tauchen?", fragt Ente nach einer Weile. – Aber Frosch hat sich schon wieder über seine Schnipsel
25 gebeugt. Ente taucht ins Wasser und schwimmt zur nächsten Bucht des Flusses. Dort wohnen Igel und Otter.
„Hallo!", ruft Ente, aber es kommt keine Antwort. Langsam schwimmt Ente zurück zu
30 ihrem Haus auf dem Bootssteg am Fluss.

Na ja, denkt sie, wenn Frosch mit einer Lesebrille lesen kann, dann kann ich bestimmt auch mit meiner Schreibfeder schreiben. Und dann kann Frosch es vorlesen.
35 Denn er weiß, wie eine Lesebrille funktioniert. Bald darauf ist Ente tief in Gedanken versunken und kritzelt über das Papier. Hin und wieder kneift sie die Augen zu und dann arbeitet sie weiter.
40 „Hallo Ente!", ruft jemand.
Es sind Otter und Igel. Sie fahren in ihrem Boot vorbei. „Was machst du?"
„Ich schreibe eine Geschichte", sagt Ente stolz.
„Tüchtig!", ruft Igel. „Ich wusste gar nicht,
45 dass du schreiben kannst."
„Ich auch nicht, es ist heute das erste Mal."
„Ist es nicht schwer?"
„Gar nicht, ich bringe einfach meine Gedanken zu Papier."
50 „Wirst du sie uns vorlesen?", fragt Otter.
„Heute Abend", sagt Ente. „Kommt ihr dann zu mir? Und bringt Frosch mit. Mit seiner Lesebrille, sonst klappt es nicht."
Ente schreibt den ganzen Tag weiter. Dann
55 schaut sie aufmerksam ins Wasser und zeichnet ein Selbstporträt.
„So", sagt sie schließlich. „Fertig ist fertig."
Sie taucht einige Male in den Fluss und als sie wieder auf den Steg klettert, hört sie Frosch,
60 Igel und Otter auch schon kommen.
Es dämmert schon. Ente hat eine Öllampe angezündet.

„Liest du uns jetzt die Geschichte von Ente vor?", fragt Otter.

Ente nimmt den Stoß Papier und gibt ihn Frosch.

„Bitte schön. Du hast eine schöne Stimme. Und du hast eine Lesebrille."

Frosch schaut mit großen Augen auf das Papier.

„Ich weiß nicht, ob ich …"

„Ach bitte, Frosch", sagt Otter. „Oder kannst du es etwa nicht?"

Frosch ist beleidigt. „Ich habe schon den ganzen Tag gelesen, meine Augen sind müde."

Frosch nimmt seine Lesebrille und bläht sich auf, so weit er kann. Er hüstelt und starrt auf die Striche und Kritzeleien. Dann fängt er an vorzulesen.

Die Geschichte von Ente

Es war einmal eine Ente. Die lebte auf einem Steg am Ufer des Flusses ganz allein. Aber das war nicht immer so gewesen. Zuerst wohnte sie dort mit ihrem Vater und ihrer Mutter. Als es Herbst wurde und das Wetter nass und kalt, flogen die Eltern fort, der Sonne entgegen.

„Komm mit!", riefen sie Ente zu. *Aber sie konnte nicht mitfliegen, ihre Flügel waren zu kurz.*

„Ach, wie traurig!", ruft Igel. „Und dann?"

Frosch ist verstimmt. „So kann ich nicht vorlesen. Da verliere ich ja den Faden."

Es wurde Winter, liest Frosch weiter, *und der Fluss war zugefroren. Ente konnte nicht mehr nach Entengrütze tauchen. Hungrig und vor Kälte zitternd saß sie unter einem Baum. Eines Tages kam Otter vorbei. Er nahm Ente mit in sein Haus. Zusammen mit Igel rieb er Ente warm. Und Frosch kochte ein warmes Kressesüppchen. Nach dem Winter bauten sie alle zusammen ein Haus für Ente. Und …*

Frosch seufzt und lässt die letzten Blätter zu Boden sinken.

… dann blieben sie immer gute Freunde.

„Was für eine schöne Geschichte", flüstert Otter. „Als ob es wirklich so geschehen ist."

„Das war spannend! Ich wollte, ich könnte so gut schreiben wie du, Ente", sagt Igel.

Ente schaut zu Boden.

„Aber Frosch hat ja auch wunderbar vorgelesen", sagt sie.

„Schreibst du bald wieder eine Geschichte?", fragt Igel, als er schließlich mit Otter und Frosch im Boot wegfährt.

„Ja", ruft Ente ihm nach, „wenn ich wieder einen Gedanken gefasst habe. Dann soll ihn Frosch wieder vorlesen. Denn er kann Gedanken lesen."

Ente sieht, wie das Licht im Boot immer kleiner wird … Zufrieden legt sie sich schlafen.

Harmen van Straaten

Wer hat die Geschichte von Ente wirklich erfunden?

Wie schön der Frosch lesen kann!

KINDERBÜCHER

B

Milena **B**aisch:
Anton taucht ab

Gioconda **B**elli:
Die Werkstatt der Schmetterlinge

B – C

Becky **B**loom:
Der kultivierte Wolf

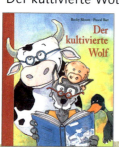

Gottfried August **B**ürger:
Baron Münchhausen

Davide **C**ali:
Wanda Walfisch

D – F

Julia **D**onaldson:
Das Grüffelokind

Bibi **D**umon Tak:
Kuckuck, Krake, Kakerlake

Franz **F**ühmann:
Anna, genannt Humpelhexe

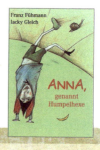

K – L

Ann-Kathrin **K**ramer:
Matilda

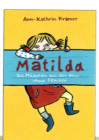

Patricia **L**akin:
Zum Strand!

Agnès de **L**estrade:
Danas Uhrwerk

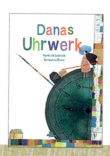

Textwerkstatt

Astrid Lindgren:
Die Kinder aus der Krachmacherstraße

Paul Maar:
JAguar und NEINguar

Paul Maar:
Eine Woche voller Samstage

L – M

Anne Möller:
Zehn Blätter fliegen davon

Christiane Pieper:
Die Nichte in der Fichte

Otfried Preußler:
Der kleine Wassermann

M – P

Mary Pope Osborne:
Im Tal der Dinosaurier

Mary Pope Osborne:
Forscherhandbuch Dinosaurier

Anderas H. Schmachtl:
Hieronymus Frosch

P – S

CDs und DVDs

167

Lesen üben

Seite **8** **Buchstabengeschichten**

Mit Reimwörtern könnt ihr
kleine Rätselreime erfinden.
Sammelt Reimwörter.
Überlegt euch Reimverse.

Mit T ist es ein
immergrüner Baum,
mit W steht es
im Baderaum.

> Kann es bellen, nennt man's H …,
> sind Zähne drin, so heißt es M …

Seite **10** **Kleiner Unsinn**

Probiere, selbst einen Text ohne Wortgrenzen
mit dem Computer oder mit der Hand zu schreiben.
Gib ihn einem anderen Kind.
Kann es den Text richtig vorlesen?

Seite **11** **Die geheime Inschrift**

Lies den Text einem anderen Kind vor.

I N D E R J U G E N D H E R B E R G E
M 8 E N 8 N 8 SCH W Ä R M E R
K R 8 O B T E N U N D L 8 E N D I E
G A N Z E N 8 . F R A U S C H 8 , D I E
H E R B E R G S M U T T E R , W 8 E
A U F , W E C K T E S 8 I H R E N M A N N
U N D S A G T E , 8 H E O , E S I S T
M I T T E R N 8 . G I B 8 , U N S E R E
G Ä S T E S P I E L E N 8 E R B A H N ,
D A S S E S K R 8 . D I E V E R -
S C H E U C H E N U N S E R E N 8 I -
G A L L . H E R R S C H 8 D R O H T E
N 8 I S C H E N T Z U G A N ,
D A N 8 O B T E N I E M A N D M E H R .

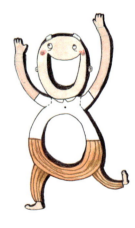

Seite **12** **Rätsel**

Übe, die bayerischen Rätsel im Dialekt vorzulesen. Du kannst auch
einen kurzen Text in deinem eigenen Dialekt suchen und vortragen.

Seite **29** **Rezepte gegen Bauchweh**

Hier hat der Schwamm getropft!
Kannst du trotzdem lesen, welches Rezept die Kreide
gegen Bauchweh hat?

Die Kreide fiel auf den Boden
und zerbrach in zwei Stücke.
„Das ist doch kein Beinbruch",
lachte die Kreide und
malte mit ihrem vorderen Teil
die schönsten Buchstaben an die Tafel:
NIE DIE FREUDE VERLIEREN und dahinter
machte sie ganz viele Ausrufungszeichen.

Seite **41** **Herbstwind und Sonne**

In welcher Zeile findest du diese Wörter?
Ein Kind liest das Wort, das andere Kind
sucht das Wort im Text.

kalter   vermummt   Knopf

Wandersmann   Ballon   kentern

Wolkenmeer   Milde

Seite **88** **Mein Zimmer gehört mir**

Wähle einen Textabsatz aus. Suche darin alle Wörter,
die du auf den ersten Blick noch nicht lesen kannst.
Notiere sie in dein Lerntagebuch. Übe sie zuerst einzeln.
Übe dann, den ganzen Absatz zu lesen.
Schaffst du es ohne Fehler und Pause?

Textwerkstatt   169

Lesen üben und Texte besser verstehen

Seite **9** — Kann das wirklich sein?

Suche dir einen kurzen Text aus dem Lesebuch. Überlege, wo du einen Fehler einbauen kannst, der nicht sofort auffällt.
Lies deinen Text einem Partnerkind vor.
Es soll herausfinden, wo der Fehler versteckt ist.
Gib Acht, dass du dich nicht durch Lachen selbst verrätst!

Seite **30** — Vertrauen schenken

Welche Eigenschaften eines Klassensprechers oder einer Klassensprecherin findet ihr wichtig?
Schreibt eine eigene Liste auf.
Bewertet die Eigenschaften mit Punkten und erstellt ein Diagramm.
Welche Reihenfolge habt ihr gefunden?

Seite **39** — Ameisen

Stichwörter sind wichtige Wörter. Sie helfen dir, die wichtigsten Informationen eines Textes im Gedächtnis zu behalten.
Schreibe die markierten **Stichwörter** auf.
Erkläre mit Hilfe der Stichwörter, was du gelesen hast.
Schreibe die wichtigen Wörter aus einem dieser Texte auf:
S. 48: Zapfen untersuchen, S. 73: Schalldämpfer Schnee
oder S. 104: Das Storyboard
Nutze deine Stichwörter und erkläre, was du gelesen hast.

Seite **46** — Die Nichte in der Fichte

Ein Kind liest die Frage vor, das andere Kind liest im Text nach und antwortet. Denkt euch noch mehr Fragen aus!
Was ist das Besondere an dem Pferd?
Warum legt man die Zapfen auf den Herd?
Wer rüttelt und zupft an den Ästen?
Wie bekommen die beiden am Ende doch noch einen Fichtenzapfen?

Textwerkstatt

Seite 51 **Was wäre, wenn es keinen Wald mehr gäbe?**

Wofür ist der Wald wichtig? Male ein Schaubild.

Seite 54 **Das leichte Brot**

Lies im Text nach: Was müsste der Wolf alles tun, damit er wirklich Brot essen kann? Schreibe es in der richtigen Reihenfolge auf.

Seite 80 **Himmlisches Training**

Gib jedem Abschnitt eine passende Überschrift. Schreibe in dein Heft.

Zeile 1–3: Die Stellenanzeige
Zeile 4–12:
Zeile 13–21:
Zeile 22–32:
Zeile 33–38:

Seite 106 **Internet-Lexikon**

Hier war wohl ein Computer-Virus unterwegs. Kannst du helfen? Schreibe die Erklärungen richtig auf.

Das Internet ist ein großes Einkaufsnetz. Darin kannst du das WWW einkaufen. WWW ist die Abkürzung für Wendelins Wollwaschmittel. Die Rechnung schickt der Laden direkt zu dir nach Hause, an deine Homepage. Sie kommt als E-Mail, das ist die Abkürzung für „ernsthafte Post". Zu Hause hilft dir die Suchmaschine, die dreckigen Socken zu finden. Nach dem Waschen wird alles mit dem Browser trocken geföhnt.

Textwerkstatt

Lesen üben und Texte besser verstehen

Seite **113** **Der Mauersegler**

Ordne die Überschriften den Textabschnitten zu.

Alles in der Luft   Unterm Dach   Die besten Flieger der Welt   Hörst du sie?

Zeile 1 bis 4:

Seite **122** **Helma legt los**

Nutze den „roten Faden" und erzähle die Geschichte damit nach.

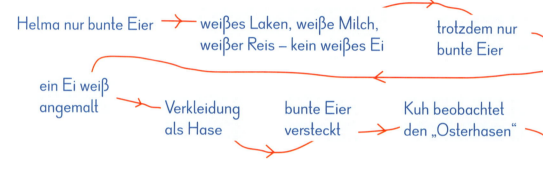

Seite **124** **Wie der Hase zum Osterhasen wurde**

Schreibe das Wort Ostern in die Mitte auf ein Blatt Papier und ziehe einen Kreis darum. Das Wort Ostern ist dein Kernwort. Sammle nun deine Ideen. Schreibe alle Wörter, die dir zu Ostern einfallen, ringsherum und ziehe ebenfalls Kreise darum.

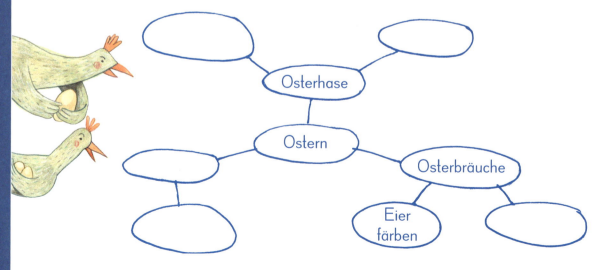

172 Textwerkstatt

Seite **144 145** **Fritzi war dabei / Zwei Deutschlands**

Was wusstest du schon vor dem Lesen über das geteilte Deutschland?
Was hast du aus den Texten neu erfahren?
Lege eine Tabelle an.

schon gewusst	neu erfahren

Seite **146** **Das magische Baumhaus**

Schreibe die Sätze in der richtigen Reihenfolge in dein Heft.
Tipp: Achte auf die unterstrichenen Anschluss-Wörter.

1. Philipp und Anne entdecken im Garten ein <u>Baumhaus</u>.

   Sie waren in der Vergangenheit gelandet.

   Pteranodons lebten in der Kreidezeit.

   In dem <u>Baumhaus</u> lag ein Buch, in dem ein Flugsaurier abgebildet war.

   Plötzlich flog ein echter Flugsaurier, ein Pteranodon, vorbei.

Seite **156** **Anton taucht ab**

Hier ist einiges durcheinandergeraten.
Erzähle einem anderen Kind, wie die Geschichte richtig geht.

Antonia nimmt ihr Gurkenglas mit an den See.
Sie legt sich auf den Steg und will die Gurken freilassen.
Mit einem „Platsch" landet Antonia aus Versehen im See.
Die Gurken schwimmen davon. Da kommt ein Piranha
angezischt und beißt sie in die Nase.
„Warte nur", ruft Antonia ihm nach.
„Ich hole meine Angel!"

Erfindet selbst eine Fehlergeschichte und erzählt sie euch.
Bei jedem Fehler legen die zuhörenden Kinder
einen Muggelstein auf den Tisch.

Textwerkstatt 173

Zu Texten erzählen und schreiben

Seite **34** · **Zehn Blätter fliegen davon**

Denke dir aus, was mit den anderen weggeflogenen Blättern passiert. Schreibe auf oder erzähle.

Seite **40** · **Herbst**

Hier verstecken sich fünf Fehler. Schreibe den Text richtig in dein Heft.

Bei uns werden die meisten Früchte im Herbst verkauft: Äpfel, Birnen, Orangen, Pflaumen, Weintrauben und viele mehr. Da ist es nur verständlich, dass das Wort „Herbst" von dem Urwort „Sker" kommt, von dem auch die „Schürze" abstammt. Der Herbst ist daher einfach die „Aussaatzeit". Das dänische Wort für Ernte „harvest" klingt übrigens fast wie „Herbst".

Seite **50** · **So einer bin ich**

Und wenn einer kommt, der nicht so ist?
Schreibe die Geschichte von einem,
der doch „Platz da!" schreit,
und schreibe auf, was dann passiert.

Unterschiedliche Satzanfänge machen deine Geschichte interessanter.

Seite **59** · **Kwatsch Dekoder**

Erstellt ein Wörterbuch mit den verschiedenen Sprachen eurer Klasse.
Schreibt mit diesen Wörtern eine Geschichte.
Lest euch die Geschichten vor.

Seite **61** · **April, April**

Erfinde selbst eine Falschmeldung für die Zeitung.

Auch im Radio kommt am 1. April immer eine Falschmeldung. Achte darauf!

Seite **62** · **Eddies Lügengeschichte**

Wie hat Nadja wohl den Tag erlebt?
Stell dir vor, du bist Nadja.
Was schreibst du in dein Tagebuch?

Liebes Tagebuch, als ich heute in der Schule war, …

Textwerkstatt

Seite **78** — **Wo der Weihnachtsmann wohnt**

Wie feiern die Menschen in Finnland Weihnachten?
Schreibe den Tagesablauf auf.

Tagesablauf

1. Sauna
2.

Seite **87** — **So sind Mädchen, so sind Buben**

Schreibe fünf passende Eigenschaften über ein Kind
in deiner Klasse auf ein Kärtchen. Die anderen raten,
ob ein Junge oder ein Mädchen gemeint ist.

Seite **104** — **Das Storyboard**

Schreibe W-Fragen zum Text auf. Ein anderes Kind beantwortet sie.
Was …?   Wer …?   Wie …?   Warum …?

Seite **128** — **Ein Sonntag im Juni**

Matilda erlebt ein Wochenende, das es noch nie gab.
Überlegt gemeinsam in Gruppen, wie ihr euch ein tolles Wochenende
vorstellt, das es noch nie gab. Schreibt auf, was alles passiert.
Stellt ein „KLASSEN-WOCHENEND-BUCH" zusammen.

Seite **132** — **Jonas und Pablo**

Wie könnte die Geschichte weitergehen?
Schreibe oder erzähle aus der Sicht von Pablo oder Jonas.

Seite **146** — **Das magische Baumhaus**

Schreibe einen Steckbrief über das Pteranodon.
Suche die Informationen im Text.
Halte einen Vortrag.
Wie hat dein Vortrag gefallen?
Beachte die Rückmeldungen.

Name: Pteranodon
Aussehen:
Vorkommen:

Textwerkstatt

Mit Texten umgehen

Seite **6** **Verhexter Stundenplan**

Du kannst auch verhext zählen:
Statt   eins, zwei, drei, vier, fünf ...
        meins, schrei, frei, Stier, Strümpf' ...

Seite **38** **Schwammerl**

Stelle ein Pilzlexikon zusammen.
Ordne nach essbaren und giftigen Pilzen.
Füge eine Zeichnung oder eine Fotografie dazu.
Schreibe als Steckbrief.

Seite **39** **Ameisen**

Stelle ein Tierlexikon mit Tieren aus dem Lesebuch zusammen.
Du findest sie in vielen Gedichten, Geschichten und Bildern.

Seite **48** **Zapfen untersuchen**

Suche Zapfen von Fichten und Kiefern.
Untersuche angefressene Zapfen.
Gestalte ein Informationsplakat zu den abgenagten Zapfen.
Suche Bilder der drei Tiere, die du aufkleben oder abmalen kannst.
Befestige die Zapfen beim jeweiligen Tier. Beschrifte dein Plakat.

Seite **50** **Was müssen da für Bäume stehn**

Du kannst auch mit Wörtern spielen.

Probiere es mit:
Treppe, Apfel mit Wurm,
Meereswellen, Rutschbahn ...
oder auch mit:
Haus / Weg,
Rauch / Schornstein,
Auto / Räder / Straße

Blatt Blatt
Blatt Blatt Blatt
Blatt Blatt Blatt Vogel Blatt
Blatt Blatt Blatt Blatt Blatt
Blatt Blatt Blatt
Blatt Blatt Blatt
Blatt
Holz
Holz
Holz
Holz
Säge
Holz

Textwerkstatt

Seite 92 **Jagd auf Lucas**

Schreibt die Sätze an die Tafel.
Bewertet die Aussagen mit farbigen Punkten.
🟢: Ich stimme zu.   🔴: Ich stimme nicht zu.
Besprecht das Ergebnis in der Gruppe.

Denkt an eure Gesprächsregeln:
– Meinung begründen
– beim Thema bleiben
– ausreden lassen
– einander zuhören

Seite 106 **Internet-Lexikon**

Hat eure Schule eine Homepage?
Welche Informationen darauf findet ihr besonders wichtig?

Seite 144 145 **Fritzi war dabei / Zwei Deutschlands**

Frage deine Eltern oder Großeltern, wie sie den Tag der Maueröffnung erlebt haben.

Seite 155 **Das Gewitter**

Schreibe das Gedicht in Blitze oder Wolken.
Du kannst Texte auch mit besonderen Schriften gestalten.
Du kannst manche Wörter v e r g r ö ß e r n oder verkleinern.
Denke dir passende Schriften aus: k r i e c h e n   **dick**
Benutze Farben, wenn du willst: Wolken   Blitz   Wasserfall
Oder ersetze Wörter im Text durch Bilder.

Textwerkstatt   177

Zu Texten malen und musizieren

Seite **32** Du bist da, und ich bin hier

Spielt mit Schlaginstrumenten einen passenden Rhythmus.

Erfindet für den Vers „Komm, wir wollen Freunde sein."
eine einfache Melodie.

Seite **53** Apfelkantate

Falte ein Blatt zu einem Leporello.
Male in jedes Feld ein Bild zu einer Strophe.

Seite **58** Kwatsch

Lest den Text von Zeile 7 bis Zeile 21.
Zeichnet einen Comic zu Julius' Lügengeschichte.
Macht mit euren Bildern eine Ausstellung.

Seite **114** Hieronymus Frosch

Ein Postkartomat für 2.999 Postkarten?
Ein halbautomatischer Abkühlungsregner?
Zeichne eine der beiden Maschinen.
Beschrifte ihre Teile.
Beschreibe, wie die Maschine funktioniert.

Textwerkstatt

Seite 120 **Frühling / Erste Sonne**

Unterlegt die Gedichte mit Tönen und Geräuschen.
Welche Instrumente passen zum Frühling?
Wie klingt es, wenn der Frühling lacht?
Wie schelten die Elstern?

Seite 154 **Der Sommer**

Woran erinnert dich der Sommer? Sammle Bilder aus Zeitschriften und Prospekten, die du passend findest. Klebe deine Ausschnitte auf ein Blatt zu einer Sommer-Collage. Du kannst dazu auch malen und schreiben. Stelle deine Sommer-Collage aus und erkläre anderen Kindern, wie für dich der Sommer ist.

Seite 155 **Das Gewitter**

Erfindet eine Gewittermusik.
Besprecht, welche Geräusche zu einem Gewitter gehören.
Sucht passende Instrumente aus.

Besprecht gemeinsam und probiert aus:
Wie kann man die aufziehenden Gewitterwolken hören?
Wie hört sich der Blitz an?
Wo hört man den Donner – erst fern, dann immer näher?
Wie hört sich ein Platzregen an?
Übt auch, wie eure Stimme beim Gedichtvortrag am besten klingt.

Seite 156 **Anton taucht ab**

Male, was Anton unter Wasser alles sehen könnte.

Textwerkstatt

Texte aufführen

Diese Texte könnt ihr mit verteilten Rollen lesen.
Ihr könnt sie auch als Theaterstück aufführen.

Seite **13** **Rabengespräch**
Lesetext oder Spielstück für mindestens 4 Personen

Seite **14** **Von Fenster zu Fenster**
Lesetext oder Spielstück für 2 Personen

Seite **24** **Der Neue**
Spielstück für mindestens 7 Personen

Seite **42** **Warum es keine Weihnachtslärche gibt**
Spielstück für mindestens 15 Personen

Seite **54** **Das leichte Brot**
Lesetext oder Spielstück für 4 Personen

Seite **65** **Grünkäppchen**
Lesetext für 2 Personen

Seite **66** **Der Mäuserich sucht eine Frau**
Spielstück für 6 Personen

Seite **100** **Kurz der Kicker**
Spielstück für mindestens 15 Personen

Seite **150** **Zum Strand**
Spielstück für mindestens 5 Personen

Theaterrollen
Als Schauspielerin oder Schauspieler musst du dich
in eine Figur hineinversetzen. Du spielst eine Rolle.
Überlege dir genau, wie die Figur ist, die du spielst:
Wie sieht sie aus? Wie bewegt sie sich? Was hat sie an?
Welche Gegenstände trägt sie bei sich? Wie spricht sie
ihre Sätze: langsam oder schnell, laut oder leise?
Tausche dich mit anderen Kindern aus:
Wie kannst du deine Rolle am besten spielen?

Seite 100 **Kurz der Kicker**

1. Schreibe alle Informationen auf, die im Text zu deiner Figur stehen.
2. Überlege dir, was noch zu der Figur passt, und schreibe einen Rollensteckbrief.

Rollensteckbrief
Kurz als Kind
Name: Uwe Kowalla
Aussehen: klein, hat zuerst altmodische Kleider an, dann ein Fußballtrikot und Fußballschuhe, trägt dazu einen Fußball mit sich herum
Verhalten: steht steif herum, lässt die Arme hängen, guckt unfreundlich, sagt immer nur: „Is mir doch egal.", spricht in einem unfreundlichen Tonfall, lacht nie

Wie kann ein Rollensteckbrief für den Trainer aussehen?
Oder für den Hausmeister?

Rollensteckbrief
Hausmeister
Aussehen: hat eine Mütze auf ...

Der Hausmeister hat in diesem Stück keinen Text.
Du kannst aber einen Text für ihn erfinden.
Was sagt der Hausmeister, wenn eine Scheibe eingeworfen wird
und der Ball sogar in seiner Suppe landet?

Wie geht die Geschichte aus?
Erfindet selbst einen Schluss für das Theaterstück.

Textwerkstatt

Mit Gedichten umgehen: Gedichte vortragen

Damit man den Klang und den Rhythmus von Gedichten hört, musst du sie laut vortragen. Übe deinen Gedichtvortrag mehrmals.

Tipps für ein Gedichte-Fest

- Wählt mehrere Gedichte oder Lieder aus, die ihr vortragen möchtet: Wovon handeln die Gedichte?
  Sind sie lustig oder traurig oder nachdenklich?
- Legt die Reihenfolge fest, in der ihr die Gedichte vortragen wollt.
- Messt die Zeit, damit ihr wisst, wie lange der Vortrag dauert.
- Übt die Texte sehr gut.

Seite **13** **Rabengespräch**

„Ja, ja!", „Nee, nee", „Ojemine", „Aha"
– die Raben sprechen bedächtig,
als wäre es ihnen so richtig danach,
als tät ihnen alles weh, als sei alles klar.
Probiert aus, wie sich das Gedicht
in unterschiedlichen Betonungen anhört.
Wie könnten die Raben noch sprechen?

laut und deutlich sprechen

Seite **32** **Wann Freunde wichtig sind**

Sprecht das Gedicht zu viert:
Zeile 1 bis 4: Jedes Kind spricht eine Zeile.
Zeile 5: Jedes Kind spricht bis zum Komma.
Die letzte Zeile sprechen alle zusammen.

gut betonen

passende Bewegungen machen

Seite **143** **Jetzt**

Sprecht das Gedicht zu zweit. Probiert aus,
welche Sätze jedes Kind sprechen soll.
Probiert auch aus: Welche Sätze sprecht ihr schneller,
welche Sätze besser langsamer?

Seite **149** **Ein Schnurps grübelt**

In der zweiten Strophe ist Schnurps ganz verwirrt.
Wie hört sich das wohl an?

182 Textwerkstatt

Mit Gedichten umgehen: Gedichte schreiben

Seite 6 **Schul-Regeln**

Erfinde noch mehr Schul-Regeln.
Trifft man auf dem Schulweg einen Wolf,
spielen alle Kinder Golf.

Drachen – lachen   Chor – Ohr   Rose – Hose
Skelett – nett   König – wenig

Seite 37 **Fragen im Oktober**

Was hörst und siehst du im Dezember, im März, im August?
Schreibe selbst so ein Gedicht.

Du siehst die Weihnachtslichter leuchten.
Wie lange noch?

Seite 37 **Herbst**

Manche Sätze können zu Gedichten werden.
Suche dir einen schönen Satz aus und
schreibe selbst so ein Gedicht.

Ein Satz, den man so schreibt, ist kein Gedicht.

Ein Satz,
den man so schreibt,
wird ein Gedicht.

Ein Satz,
den man
so
schreibt,
ist ein Gedicht –
so ein Gedicht.

Textwerkstatt

Lesepass

Seite **4** Der kultivierte Wolf

Seite **41** Herbstwind und Sonne

Seite **52** Der alte Mann und die Apfelbäumchen

Seite **110** Wer bin ich?

So geht ihr vor:

Bildet ein Leseteam aus drei oder vier Kindern.
Sucht euch einen kurzen Text aus dem Lesebuch aus.
Jedes Kind liest seinem Team den Text vor. Anschließend überlegt das Team gemeinsam, was zu jedem Textvortrag in euren Lesepass eingetragen werden soll.

Lesepass für das Leseteam: Elias, Emma, Hassan	
Titel: Herbstwind und Sonne	
Beurteilung:	Datum:
Elias hat gut gelesen. Er liest noch etwas zu langsam.	23.10.
Emma hat ein paar Fehler gemacht. Sie betont gut.	
Hassan hat nur einen Fehler gemacht und schnell gelesen.	
Elias …	25.11.

Lest denselben Text zu einem späteren Zeitpunkt noch einmal.
Wie fällt jetzt eure Beurteilung aus? Vergleicht mit dem ersten Eintrag:
Habt ihr langsamer oder schneller gelesen?
Habt ihr weniger oder mehr Fehler beim Vorlesen gemacht?
Wie ist die Betonung jetzt gewesen?

Textwerkstatt

Ein Lesetagebuch führen

Seite 166 Kinderbücher

In einem Lesetagebuch kannst du deinen Leseschatz aufbewahren. Später kannst du immer nachlesen, was dir in einem Buch besonders gefallen hat.

Ideen für dein Lesetagebuch

Lies ein Kapitel oder einen Abschnitt aus dem Buch. Nimm ein Heft oder ein schönes Buch mit leeren Seiten. Schreibe den Titel des Kapitels oder der Geschichte als Überschrift. Schreibe dazu, wann du das Kapitel oder die Geschichte gelesen hast.

- Du kannst besonders lustige, spannende, traurige … Textstellen abschreiben. Schreibe dazu, warum du sie ausgesucht hast.

- Du kannst mit eigenen Worten aufschreiben, was in der Geschichte oder in dem Kapitel passiert.

- Du kannst einen Steckbrief zu einer Figur des Buches schreiben.

- Du kannst ein Bild von einer Figur aus dem Buch mit einer Sprechblase oder einer Denkblase malen.

- Du kannst einer Figur aus dem Buch einen Brief schreiben.

- Du kannst dir vorstellen, eine Figur aus dem Buch zu sein, und etwas aus ihrer Sicht aufschreiben.

Erkennst du, zu welchen Büchern diese Lesetagebuchseiten gehören?

Mein Lieblingsschlittengespann

Über diese Stelle musste ich lachen: Heute Morgen bin ich aufgewacht und war ein Pferd. Ich wusste, dass es so kommt. Mama hat mich vorgewarnt. Sie hat gesagt: „Eddie, wenn du dir etwas zu sehr wünschst, dann wird es über Nacht wahr."

Textwerkstatt

Bücher lesen

Seite **166** *Kinderbücher*

Klappentexte

Bei vielen Büchern steht auf der Rückseite eine kurze Zusammenfassung des Inhalts. Zu welchen Büchern aus dem Lesebuch gehören diese Klappentexte?

Schreibe auch einen Klappentext zu deinem Lieblingsbuch.

> Im Schwimmbad lachen alle Mädchen über Wanda, denn Wanda ist dick – dick und rund. Doch der Schwimmlehrer verrät ihr einen Trick …

> Ferien am See? Für Anton ist die Horrorbrühe eine Katastrophe. Aber dann macht er Bekanntschaft mit einem Fisch, und Piranha wird zum besten Freund.

Tipp: Die Bibliothekarin hilft euch gerne.

In der Bibliothek

In der Bibliothek sind die Bücher geordnet, damit man sie leichter findet.
Oft sind die Bücher nach dem Lesealter sortiert. Erzählungen und Sachbücher stehen getrennt.

Sachbücher sind meistens noch nach Themen geordnet, wie zum Beispiel Tiere, Pflanzen, Erfindungen …

In den Regalen ist der Nachname des Autors oder der Autorin wichtig: Hier geht es nach dem ABC.

In der Bibliothek gibt es auch Zeitschriften, Hörbücher und Filme. Ihr könnt euch aussuchen, was euch am besten gefällt.

Textwerkstatt

Seite **166** **Kinderbücher**

Wähle ein Buch aus, das du anderen Kindern vorstellen willst.
Figuren: Wie heißen die wichtigen Figuren der Geschichte?
Was tun sie?
Orte: Wo spielt die Geschichte?
Thema: Worum geht es in dem Buch?
Bewerte dein Buch mit Sternchen!

Übe deine Buchvorstellung:
Du kannst das Buch Mama oder Papa vorstellen.
Du kannst auch alleine vor dem Spiegel üben.
Achte darauf: Sprich langsam. Sprich sehr deutlich.
Und sprich laut.
Schau so oft wie möglich deine Zuhörer an.
Am Ende kannst du ein Stück aus dem Buch vorlesen.
Wähle eine kurze, interessante Stelle aus. Übe das Vorlesen.

Gestalte dazu ein Buch-Plakat.

Das Buch hat mir besonders gefallen, weil …

Textwerkstatt

Kleines Lexikon

Almosen (S. 68): mitleidige Gabe für einen Armen

Amphibien (S. 114): Landwirbeltiere. Viele Amphibien schlüpfen aus Eiern im Wasser, bleiben dort als Larven und gehen erst als ausgewachsene Tiere für immer an Land.

bedächtig (S. 13): langsam und ruhig

brillant (S. 114): glänzend

Bodentier (S. 35): Bodentiere lockern den Boden auf und beseitigen natürliche Abfälle, wie z. B. Blätter. Zu den Bodentieren gehören unter anderem Regenwürmer, Asseln, Tausendfüßler, Schnecken, Käfer und Käferlarven.

Cut (S. 104): englisches Wort, das „Schnitt" oder „schneiden" bedeutet. Im Film ist damit das Ende einer Szene gemeint.

Dachstuhl (S. 51): trägt das Dach eines Geäudes. Der Dachstuhl ist meistens aus Holz.

demonstrieren (S. 145): viele Menschen, die etwas verändern wollen, gehen zusammen für oder gegen eine Idee oder eine Entscheidung auf die Straße. Dabei zeigen sie oft Plakate und halten Reden.

Eiskristalle (S. 73): kleinste Eisteilchen, die nach einer festen Struktur angeordnet sind. Sie sind sechseckig und sehen aus wie Plättchen, Nadeln oder Sterne. Kein Eiskristall gleicht dem anderen.

Dachstuhl eines Speichers

Kinder demonstrieren für Kinderrechte

Eiskristalle an einer Fensterscheibe

Ephesus (S. 154): Ort in der Türkei. Dort stand der größte Tempel der antiken Welt, der Artemis-Tempel.

Filmszene (S. 104): Abschnitt eines Films, in dem die Handlungen an einem Ort zu einer bestimmten Zeit stattfinden

Froschmann (S. 26): Taucher mit Anzug und Flossen

Funktion (S. 38): Aufgabe, Zweck

Germanen (S. 124): Volksgruppe, die vor über 2000 Jahren in Nord- und Mitteleuropa lebte. Die Germanen bestanden aus verschiedenen Stämmen, die der germanischen Sprachfamilie angehörten. Weil viele Europäer germanische Vorfahren haben, sprechen sie auch heute Sprachen, die miteinander verwandt sind, z. B. niederländisch, englisch, deutsch.

Glucke (S. 159): Huhn, das Eier ausbrütet oder Küken großzieht.

hold (S. 56): „Das Glück war ihm nicht hold" bedeutet so viel wie „Das Glück war nicht auf seiner Seite", er hatte kein Glück.

Halbtotale (S. 104): Bei einer Filmaufnahme zeigt die Halbtotale eine Sache oder einen Menschen vollständig, aber ohne die Umgebung.

Heide (S. 126): Landschaft, die wenig Nährstoffe hat. Deshalb wachsen dort häufig Heidekraut, Wacholder und Kiefern.

Ruinen vom Artemis-Tempel in Ephesus

Heide-Landschaft

Kleines Lexikon

imposant (S. 80): eindrucksvoll

Internat (S. 162): Schule mit einem Wohnheim. In den Schulwochen wohnen die Schülerinnen und Schüler im Internat. In den Ferien sind die Internate meist geschlossen und die Kinder leben wieder bei ihren Familien. Es gibt auch spezielle Internate, z. B. Sportinternate.

Istanbul (S. 130): größte Stadt in der Türkei. In Istanbul leben fast zehnmal so viele Menschen wie in München.

Istanbul

Karpaten (S. 112): ein hohes Gebirge in Europa

kentern (S. 41): auf dem Wasser umkippen, untergehen

Kloster (S. 68): kirchliche Gebäudeanlage, in der entweder Männer (Mönche) oder Frauen (Nonnen) leben, arbeiten und beten

kultiviert (S. 4): gebildet, wohlerzogen

Lichtung (S. 11): freie, baumlose Fläche im Wald

linsen (S. 4): heimlich gucken

Manöver (S. 81): hier: Kurven, Wendungen

Lichtung im Wald

Mär (S. 154): altes Wort für „Erzählung", seltsame Geschichte. In Mären passieren wundersame Dinge.

Miene (S. 164): hier: Gesichtsausdruck

Morast (S. 56): Schlamm

Kleines Lexikon

Myzel (S. 39): spinnfädiger, fortwachsender Pflanzenkörper der Pilze unter der Erde. Am Myzel bildet sich der Fruchtköper, den wir aus dem Boden wachsen sehen. Der größte Teil des Pilzes wächst also unter der Erde.

Myzel eines Pilzes

Öllampe (S. 164): Lampe, die mit Öl befüllt wird und mit einer offenen Flamme brennt.

Sauerstoff (S. 51): Neben Kohlendioxid und Stickstoff der wichtigste Bestandteil unserer Luft.

Schnittmuster (S. 73): Vorlage aus Papier, nach der Teile von Kleidungsstücken zugeschnitten werden.

Öllampe

Schreibfeder (S. 164): Federkiel, mit dem man früher geschrieben hat. Die Schreibfeder wurde unten zugespitzt und zum Schreiben in Tinte getaucht.

Siebenschläfer (S. 154): Eine andere Erklärung für diesen Tag ist das Tier Siebenschläfer. Es heißt so, weil es im Winter mindestens 7 Monate schläft.

spektakulär (S. 115): ganz besonders, außergewöhnlich, Aufsehen erregend

Sporen geben (S. 56): ein Pferd antreiben. Sporen sind am Stiefel des Reiters befestigte Dornen oder Rädchen.

Siebenschläfer

Standvogel (S. 73): Vogel, der den Winter in Deutschland verbringt. Standvögel sind zum Beispiel Spatzen, Habichte, Kohlmeisen, Blaumeisen, Grünfinken, Elstern, Waldkäuze.

Stil (S. 5): die Art, wie man etwas tut

Kleines Lexikon

Torpedo (S. 113): besonders schnelle Unterwasserwaffe, die eine extreme Geschwindigkeit erreicht

Treibeis (S. 69): auf großen Gewässern schwimmende Eisschollen

Turin (S. 112): eine große Stadt in Italien

vermummen (S. 41): dick anziehen, sich fest in Kleidung einhüllen

wacker (S. 69): tapfer, standhaft, (hier auch:) fromm

Winterruhe (S. 73, 117): Tiere, die im Winter nicht ganz schlafen, sondern immer wieder aufwachen, um zu fressen (z. B. Eichhörnchen), halten Winterruhe.

Winterschlaf (S. 73): Tiere, die die Wintermonate verschlafen und dabei von ihren Fettreserven leben, die sie sich im Sommer und Herbst angefressen haben (z. B. Igel), halten Winterschlaf.

Wipfel (S. 11): Baumspitze

zugrunde gehen (S. 39): sterben

Zugvogel (S. 73, 112, 117): Vogel, der im Winter Deutschland verlässt. Zugvögel sind zum Beispiel Schwalben, Stare, Störche, Kraniche, Singdrosseln, Hausrotschwänze, Nachtigallen, Feldlerchen.

Treibeis auf dem Meer

Vogelzug Kraniche

Kleines Lexikon

Fachbegriffe

Akrostichon
Bei einem Akrostichon wird ein Wort von oben nach unten notiert und anschließend zu jedem Buchstaben ein Wort oder ein kurzer Satz aufgeschrieben. Schon die alten Griechen und Römer spielten so mit Wörtern.

Comic (z. B. S. 8)
In Comics werden Geschichten in mehreren, einzelnen Bildern erzählt. Die Texte zu den Bildern stehen meistens in Sprechblasen. Die Bildergeschichten „Max und Moritz" von Wilhelm Busch gehören zu den ältesten Comics.

Dialog (z. B. S. 14 oder S. 54/55)
Ein Dialog ist ein Gespräch zwischen zwei oder mehreren Personen. In manchen Texten in deinem Lesebuch steht der Dialog in verschiedenen Farben gedruckt. So erkennst du leicht, wer spricht. Es ist dann einfacher, den Dialog mit verteilten Rollen vorzulesen.

Drehbuch
Ein Drehbuch enthält den Text und alle Anweisungen für einen Film. Mehr darüber erfährst du auf den Seiten 102 bis 104.

Elfchen
Gedicht aus insgesamt elf Wörtern. In der ersten Zeile steht ein Wort, in der zweiten Zeile zwei Wörter, in der dritten Zeile drei Wörter, in der vierten Zeile vier Wörter und in der fünften Zeile wieder ein Wort.

Erzähler/Erzählerin
In einer Geschichte ist der Erzähler eine → Figur, die sich der Autor oder die Autorin ausgedacht hat. Der Erzähler erzählt die Geschichte, die der Autor geschrieben hat. Zum Beispiel die Geschichte auf den Seiten 4 und 5.

Erzählung
Erzählung ist ein anderes Wort für Geschichte.

Fabel (z. B. S. 40)
Eine Fabel ist eine kurze Erzählung, in der Tiere sprechen können und typische menschliche Eigenschaften haben, zum Beispiel ist der Fuchs meist schlau und listig. Die ersten Fabeln hat Aesop geschrieben, der vor langer Zeit in Griechenland lebte.

Figur
Figuren sind die sprechenden und handelnden Personen in einer Geschichte. Figuren können auch sprechende Pflanzen oder Tiere oder Gegenstände sein. Auf den Seiten 4 und 5 sind der Wolf, die Ente, das Schwein und die Kuh Figuren der Geschichte.

Gebrauchstext (z. B. S. 76 oder S. 127)
Gebrauchstexte haben den Zweck, etwas klar und eindeutig zu beschreiben. Anleitungen oder Rezepte sind zum Beispiel Gebrauchstexte.

Gedicht
Gedichte sind meistens viel kürzer als andere Texte. In ihnen sind die Wörter in einer besonderen Art angeordnet. Beim Vortragen ergibt sich daraus ein eigener → Rhythmus. Viele Gedichte haben einen → Reim am Ende der → Strophe. Es gibt aber auch Gedichte, die sich nicht reimen.

Hörbuch (z. B. S. 71 oder S. 113)
Ein Sprecher oder eine Sprecherin liest das Buch für eine Tonaufnahme vor. Die Aufnahme kommt als Hörbuch auf eine CD oder es gibt sie als Download im Internet.

Hörspiel (z. B. S. 24/25)
Anders als bei einem → Hörbuch wird bei einem Hörspiel die Geschichte nicht nur vorgelesen. In einem Hörspiel gibt es mehrere Sprecher, Geräusche und Musik.

Inhaltsverzeichnis (S. 2/3, S. 196/197 und S. 198–202)
In einem Inhaltsverzeichnis sind alle Kapitel oder alle Texte aufgelistet, die ein Buch enthält. Seitenzahlen geben an, wo die Texte stehen. Auch Zeitungen und Zeitschriften haben manchmal ein Inhaltsverzeichnis.

Legende (z. B. S. 68)
Legenden sind Geschichten über sehr fromme Menschen oder Heilige. Sie erzählen von deren guten oder auch wunderbaren Taten. In den Legenden werden die Heiligen als Vorbilder dargestellt.

Literaturverfilmung
Wenn aus einem Buch ein Film gemacht wird, dann ist das eine Literaturverfilmung. Bevor gefilmt wird, wird das Buch in ein → Drehbuch umgeschrieben. Literaturverfilmungen gibt es von vielen bekannten Kinderbüchern, zum Beispiel vom „Grüffelo" oder vom „Sams". Mehr dazu erfährst du auf den Seiten 102 bis 104.

Reim (z. B. S. 6)
Zwei Wörter, die gleich klingen, sind ein Reim. In Gedichten enden die → Verse häufig mit einem Reim (Endreim).

Rhythmus
Rhythmus bedeutet regelmäßiges Wiederkehren von Bewegungen und Tönen in einem bestimmten Takt. Musikstücke haben einen Rhythmus, aber auch → Gedichte.

Sachtext (z. B. S. 39 oder S. 83)
Ein Sachtext informiert über Natur, Technik, Ereignisse oder Zusammenhänge. Sachtexte stehen in Sachbüchern, in Zeitungen oder Zeitschriften. Auch im Internet oder auf CD-ROMs stehen Sachtexte mit Informationen.

Sage (z. B. S. 69)
Sagen sind alte Geschichten mit einem wahren Kern, die früher mündlich weitergegeben wurden. Die Sage erzählt von einem bestimmten Ort und bestimmten Personen. Sagen erklären oft, woher ein Name kommt oder wieso etwas in der Natur vorkommt. In Sagen passieren wundersame

Ereignisse. Tiere können sprechen, es gibt darin Menschen mit übernatürlichen Kräften und Hexen, Drachen, Riesen, Zwerge und andere Wesen.

Schaubild (z. B. S. 98 oder S. 111)
Ein Schaubild stellt Zusammenhänge oder Ergebnisse von etwas in einer Zeichnung dar. Manchmal versteht man einen Text besser, wenn man selbst ein Schaubild dazu anfertigt.

Spalte
In einer Spalte stehen Wörter oder Zahlen untereinander geordnet.

Strophe
Gedichte und Lieder haben meist mehrere Strophen. Eine Strophe besteht aus mehreren → Versen, die sich oft reimen. Zwischen den einzelnen Strophen ist oft ein Absatz. Zum Beispiel hat das Gedicht auf Seite 75 vier Strophen.

Tabelle (z. B. S. 6)
Eine Tabelle ist eine Übersicht mit → Zeilen und → Spalten. In einer Tabelle werden Wörter oder Zahlen geordnet. Zum Beispiel ist ein Fahrplan auch eine Tabelle.

Vers
Ein Vers ist die → Zeile eines Gedichtes.

Zeile
So nennt man eine Reihe nebeneinander stehender Wörter. Eine Zeile in einem → Gedicht heißt → Vers.

Fachbegriffe

Inhalt nach dem ABC

A
A – E – I – O – U ... 159
Alle haben eins ... 133
Ameisen ... 39
Anna, genannt Humpelhexe ... 22
Anton taucht ab ... 156
Apfelkantate ... 53
April, April ... 61

B
Baron Münchhausens abenteuerliche Geschichte .. 56
Bäume ... 50
Buchstabengeschichten von Paul Maar ... 8

D
Da stimmt doch was nicht ... 117
Danas Uhrwerk ... 140
Das Bauchweh ... 29
Das bayerische Rotkäppchen ... 64
Das Gewitter ... 155
Das Grüffelokind ... 70
Das hilft dir, Texte besser zu lesen und zu verstehen ... 16
Das hilft dir, verschiedene Textarten zu erkennen .. 21
Das leichte Brot ... 54
Das Loch unter der alten Mainbrücke ... 69
Das magische Baumhaus ... 146
Das Sams in der Schule ... 26
Das Storyboard ... 104
Der alte Mann und die Apfelbäumchen ... 52
Der Baum ... 52
Der eine groß, der andere klein ... 86
Der ewige Pförtner ... 68
Der Fuchs und die Weintrauben ... 40
Der kultivierte Wolf ... 4
Der Mauersegler ... 113
Der Mäuserich sucht eine Frau ... 66
Der Neue ... 24
Der Schneeschieber ... 72
Der Sommer ... 154
Der Wind ist aus Luft ... 126
Der Winter ... 72
Deutsch ist schwer ... 28
Die anderen Geschichten ... 134
Die geheime Inschrift ... 11
Die Geschichte von Ente und Frosch ... 164
Die Heilige Nacht ... 74
Die Jesus-Christus-Echse ... 17
Die Lebensgeschichte eines Baumes ... 49
Die Nichte in der Fichte ... 46
Die Werkstatt der Schmetterlinge ... 108
Die Zeit verrinnt ... 142
Drachenlachen ... 159
Du bist da, und ich bin hier ... 32

E
Eddies Lügengeschichte ... 62
Ein Säckchen zum Verschenken ... 127
Ein Weihnachtslied ... 79
Ein Schnurps grübelt ... 149
Ein Sonntag im Juni ... 128
Einfach mal „faul" sein ... 99
Eleni aus Griechenland erzählt ... 125
Erste Hilfe – üben für den Ernstfall ... 33
Erste Sonne ... 120

F
Fragen im Oktober ... 37
Fritzi war dabei ... 144
Frühling ... 120
Frühling im Mühlenweiher ... 118

G
Gelogen ... 163
Grünkäppchen ... 65

H
Hatschi! ... 121
Helma legt los ... 122
Herbst ... 37
Herbst ... 40
Herbstwind und Sonne ... 41
Herzlich willkommen, Blätter! ... 36
Heute probieren wir's ... 136
Hieronymus Frosch ... 114
Himmlisches Training ... 80
Hoppala ... 14

I
Im Film ist vieles anders ... 102
Im Oktober ... 36
Internet-Lexikon ... 106

J
Jagd auf Lucas ... 92
Jetzt ... 143
Jonas und Pablo ... 132

K
Kalter Tag ... 72
Kann das wirklich sein? ... 9
Käpt'n Blaubär, der Meister-Lügner ... 60
Kein Held ... 86
Kleiner Fuchs ... 111
Kleiner Unsinn ... 10
Komm mit! ... 77
Kosenamen ... 139
Kunterbunte Weihnachtswünsche ... 75
Kuttel Daddeldu erzählt seinen Kindern das Märchen vom Rotkäppchen ... 64
Kurz der Kicker ... 100
Kwatsch ... 58

L
Langeweile? Tu was! ... 99
Luise ... 89

M
Manchmal ... 149
Maskentreiben auf den Straßen ... 83
Max und Moritz ... 7
Meine ganze Familie ... 130
Mein Zimmer gehört mir ... 88
Merkwürdige Berufe ... 61
Missratenes Gedicht 1 ... 161
Missratenes Gedicht 2 ... 161
Mittwochs darf ich spielen ... 99
Morgen trägt mich der Sommerwind ... 110

N
Noel / Weihnachten ... 74

P
Paul Maar kennt gute Tricks zum Reimen ... 160

R
Rabengespräch ... 13
Rätsel ... 12
Rekorde im Wald ... 39
Rezepte gegen Bauchweh ... 29
Rico und Oskar ... 94

S
Sachen verstaubt? ... 7
Schalldämpfer Schnee ... 73
Schicksal ... 158
Schneechaos in Bayern ... 82
Schneemann-Familie ... 76
Schneeschnittmusterwiese ... 73
Schul-Regel ... 6
Schuschu ... 139
Schwammerl ... 38
Sekundenkleber ... 142
Septembermorgen ... 37
Siebenschläfer ... 154
So einer bin ich ... 50
So sind Mädchen, so sind Buben ... 87
Sommerabend ... 152
Sonnenuhr ... 153
Starenlied ... 112

T
Traumbuch ... 15

U
Ute Krause malt gern Unsinnsbilder ... 162

V
Verhexter Stundenplan ... 6
Vertrauen schenken ... 30
Verwurmter Apfel ... 158
Von Fenster zu Fenster ... 14

W
Wanda Walfisch ... 84
Wann Freunde wichtig sind ... 32
Warum es keine Weihnachtslärche gibt ... 42
Was ist Heuschnupfen und warum heißt er so? ... 121
Was macht ihr in eurer Freizeit? ... 98
Was mag das wohl sein? ... 8
Was müssen da für Bäume stehn ... 50
Was wäre, wenn … ... 131
Was wäre, wenn es keinen Wald mehr gäbe? ... 51
Wer bin ich? ... 110
Wetterrekorde in Deutschland ... 82
Wie der Hase zum Osterhase wurde ... 124
Wir spielen ganze Tage lang ... 96
Wo der Weihnachtsmann wohnt ... 78
Wörterversteck ... 10

Z
Zapfen untersuchen ... 48
Zehn Blätter fliegen davon ... 34
Zum Strand! ... 150
Zwei Deutschlands ... 145

Inhaltsverzeichnis

		Seite	TW
Lese-Spielwiese			
Der kultivierte Wolf	Robert Houlden, Becky Bloom / Pascal Biet	4/5	184
Schul-Regeln	Heinz Janisch	6	183
Verhexter Stundenplan		6	176
Max und Moritz	Wilhelm Busch / Alfons Schweiggert	7	
Sachen verstaubt?	Gerda Anger/Schmidt	7	
Buchstabengeschichten	Paul Maar	8	168
Was mag das wohl sein?	Paul Maar	8	
Kann das wirklich sein?		9	
Kleiner Unsinn	Gottfried Herold	10	168
Wörterversteck		10	
Die geheime Inschrift	Maja von Vogel	11	168
Rätsel		12	168
There were two blackbirds		12	
Rabengespräch	Fredrik Vahle	13	180, 182
Von Fenster zu Fenster	Helge M. A. Weinrebe	14	180
Hoppala	Gerda Anger-Schmidt	14	
Traumbuch	Inge Meyer-Dietrich	15	
Lesestrategien			
Das hilft dir, Texte besser zu lesen und zu verstehen		16–20	
Das hilft dir, verschiedene Textarten zu erkennen		21	
Ich – Du – Wir			
Anna, genannt Humpelhexe	Franz Fühmann / Jacky Gleich	22/23	
Der Neue	nach Martin Klein	24/25	180
Das Sams in der Schule	Paul Maar	26/27	
Deutsch ist schwer	Mira Lobe	28	
Das Bauchweh	Nasrin Siege	29	
Rezepte gegen Bauchweh		29	169
Vertrauen schenken	Manfred Mai	30/31	170
Du bist da, und ich bin hier	Frantz Wittkamp	32	178
Wann Freunde wichtig sind	Georg Bydlinski	32	182
Erste Hilfe – üben für den Ernstfall		33	
Herbst			
Zehn Blätter fliegen davon	Anne Möller	34/35	174
Herzlich willkommen, Blätter!	Charles M. Schulz	36	
Im Oktober	Josef Guggenmos	36	
Septembermorgen	Eduard Mörike	37	

		Seite	TW
Fragen im Oktober	James Krüss	37	183
Herbst	Georg Bydlinski	37	
Schwammerl		38	176
Ameisen		39	170
Herbst	Timo Brunke	40	174
Der Fuchs und die Weintrauben	Äsop	40	
Herbstwind und Sonne	nach La Fontaine	41	169, 184
Warum es keine Weihnachtslärche gibt	nach Josef Guggenmos	42–45	180

Natur entdecken: Pflanzen

		Seite	TW
Die Nichte in der Fichte	Christiane Pieper	46/47	170
Zapfen untersuchen	Bärbel Oftring	48	176
Die Lebensgeschichte eines Baumes		49	
Was müssen da für Bäume stehn	Friedrich Rückert	50	176
Bäume	Frieder Stöckle	50	
So einer bin ich	Josef Guggenmos	50	174
Was wäre, wenn es keinen Wald mehr gäbe?	Daniela Nase	51	171
Der Baum	Eugen Roth	52	
Der alte Mann und die Apfelbäumchen	Leo Tolstoi	52	184
Apfelkantate	Hermann Claudius	53	178
Das leichte Brot	russische Fabel	54/55	171, 180

Unglaubliche Geschichten

		Seite	TW
Baron Münchhausens abenteuerliche Geschichte	Gottfried August Bürger / Cornelia Haas	56/57	
Kwatsch	Jan Scieszka	58/59	178, 174
Käpt'n Blaubär, der Meister-Lügner		60	
Merkwürdige Berufe		61	
April, April		61	174
Eddies Lügengeschichte	Zoran Drevenkar	62/63	174
Kuttel Daddeldu erzählt seinen Kindern das Märchen vom Rotkäppchen	Joachim Ringelnatz	64	
Das bayerische Rotkäppchen	Elfie Meindl	64	
Grünkäppchen	Gianni Rodari	65	180
Der Mäuserich sucht eine Frau		66/67	180
Der ewige Pförtner: Konrad von Parzham, 21. April	Max Bolliger	68	
Das Loch unter der alten Mainbrücke		69	

		Seite	TW
Winter			
Das Grüffelokind	Julia Donaldson / Axel Scheffler	70/71	
Der Winter	Mascha Kaléko	72	
Kalter Tag	Josef Guggenmos	72	
Der Schneeschieber	Erwin Grosche	72	
Schneeschnittmusterwiese	Günther Feustel	73	
Schalldämpfer Schnee		73	
Schneemann-Familie	Dagmar Binder	76	
Komm mit!	Manfred Mai	77	
Die Heilige Nacht	Ludwig Thoma	76	
Noel / Weihnachten	Habib Bektas	76	
Kunterbunte Weihnachtswünsche	Eva Karnetzky	77	
Wo der Weihnachtsmann wohnt	Renus Berbig	78/79	175
Ein Weihnachtslied	Heinz Erhardt	79	
Himmlisches Training	Martin Klein	80/81	171
15. Februar: Schneechaos in Bayern		82	
Wetterrekorde in Deutschland		82	
Maskentreiben auf den Straßen		83	
Das bin ich			
Wanda Walfisch	Davide Cali / Sonja Bougaeva	84/85	
Kein Held	Irmela Brender	86	
Der eine groß, der andere klein	Elisabeth Borchers	86	
So sind Mädchen, so sind Buben	nach Hans Manz	87	175
Mein Zimmer gehört mir	Sonja Student	88	169
Luise	René Goscinny / Jan-Jaques Sempé	89–91	
Jagd auf Lucas	Judy Blume	92/93	177
Rico und Oskar	Andres Steinhöfel	94/95	
Freizeit			
Wir spielen ganze Tage lang	Astrid Lindgren	96/97	
Was macht ihr in eurer Freizeit?		98	
Mittwochs darf ich spielen	Kirsten Boie	99	
Einfach mal „faul sein"		99	
Langeweile? Tu was!	Nora Clormann-Lietz	99	
Kurz der Kicker	Martin Baltscheit / Ulf K.	100/101	180, 181
Im Film ist vieles anders	Paul Maar	102/103	
Das Storyboard	Paul Maar	104/105	175
Internet-Lexikon		106/107	171, 177
Natur entdecken: Tiere			
Die Werkstatt der Schmetterlinge	Gioconda Belli / Wolf Erlbruch	108/109	
Wer bin ich?	Josef Guggenmos	110	184
Morgen trägt mich der Sommerwind	Frantz Wittkamp	110	

		Seite	TW
Kleiner Fuchs	Lisa-Marie Blum	111	
Starenlied	James Krüss	112	
Der Mauersegler	Bibi Dumaon Tak / Fleur van der Weel	113	172
Hieronymus Frosch	Andreas H. Schmachtl	114–116	178
Da stimmt doch was nicht	Brigitte Raab	117	

Frühling

Frühling im Mühlenweiher	Otfried Preußler / Daniel Napp	118/119	
Frühling	Hilga Leitner	120	179
Erste Sonne	Rolf Bongs	120	179
Hatschi!	Anne Hilgendorff	121	
Helma legt los	Ute Krause und Dorothy Palanza	122/123	172
Wie der Hase zum Osterhasen wurde		124	172
Eleni aus Griechenland erzählt	Margot Litten	125	
Der Wind ist aus Luft	Rainer Kirsch	126	
Ein Säckchen zum Verschenken		127	
Mother, my darling		127	

Wie wir leben

Ein Sonntag im Juni	Ann-Kathrin Kramer / Heike Herold	128/129	175
Meine ganze Familie	Anja Tuckermann	130	
Was wäre, wenn …	Christine Nöstlinger / Jutta Bauer	131	
Jonas und Pablo	Bettina Obrecht	132	175
Alle haben eins	Manfred Mai	133	
Die anderen Geschichten	Christine Nöstlinger	134/135	
Heute probieren wir's	Achim Bröger	136–138	
Schuschu	Susanne Vettiger	139	
Kosenamen		139	

Zeiten und Räume

Danas Uhrwerk	Agnés de Lestrade / Constanza Bravo	140/141	
Die Zeit verrinnt	Harals Reger	142	
Sekundenkleber	Frantz Wittkamp	142	
Jetzt	Gerald Jatzek	143	182
Fritzi war dabei	Hanna Schott	144	173, 177
Zwei Deutschlands	Hanna Schott	145	173, 177
Das magische Baumhaus	Mary Pope Osborne	146–148	173, 175
Ein Schnurps grübelt	Michael Ende	149	182
Manchmal	Susanne Kilian	149	

		Seite	TW
Sommer			
Zum Strand!	Patricia Lakin / Sabine Wilharm	150–152	180
Sommerabend	Anne Steinwart	152	
Sonnenuhr		153	
Der Sommer	Christine Busta	154	179
Siebenschläfer	Isolde Heyne	154	
Das Gewitter	Josef Guggenmos	155	177, 179
Anton taucht ab	Milena Baisch	156/157	173, 179
Ich liebe Bücher			
Verwurmter Apfel	Paul Maar / Ute Krause	158	
Schicksal	Paul Maar / Ute Krause	158	
Drachenlachen	Paul Maar / Ute Krause	159	
A – E – I O – U	Paul Maar / Ute Krause	159	
Paul Maar kennt gute Tricks zum Reimen	Paul Maar	160/161	
Missratenes Gedicht 1	Paul Maar / Ute Krause	161	
Missratenes Gedicht 2	Paul Maar / Ute Krause	161	
Ute Krause malt gern Unsinnsbilder	Ute Krause	162/163	
Gelogen	Paul Maar / Ute Krause	163	
Die Geschichte von Ente und Frosch	Harmen von Straaten	164/165	
Kinderbücher		166/167	185–187
Textwerkstatt			
Lesen üben		168/169	
Lesen üben und Texte besser verstehen		170–173	
Zu Texten erzählen und schreiben		174/175	
Mit Texten umgehen		176/177	
Zu Texten malen und musizieren		178/179	
Texte aufführen		180/181	
Mit Gedichten umgehen: Gedichte vortragen		182	
Mit Gedichten umgehen: Gedichte schreiben		183	
Lesepass		184	
Ein Lesetagebuch führen		185	
Bücher lesen		186/187	
Kleines Lexikon		188–192	
Fachbegriffe		193–195	
Inhalt nach dem ABC		196/197	

Stichwortverzeichnis

Anleitungen: 48 (Experiment), 76 (backen), 127 (basteln), 153 (basteln)

Auszüge aus Kinderbüchern zum Weiterlesen: 4/5, 17, 22/23, 26/27, 34/35, 46/47, 56/57, 70/71, 84/85, 96/97, 108/109, 114–116, 118/119, 128/129, 140/141, 146–148, 150–152, 156/157, 158/159

Berichte/Zeitungsartikel: 60, 61, 78/79, 82, 125, 144

Comics/Wort-Bild-Geschichten: 8, 36, 105, 132

Dialogstücke/Spielstücke: 13, 14, 24/25, 42–45, 66/67, 100/101, 150–152

diskontinuierliche Texte: 6, 20, 31, 87, 98, 111, 121, 130, 139, 171, 172, 173, 175, 184

Erzähltexte: 4/5, 11, 22/23, 26/27, 29, 30/31, 34/35, 38, 52, 56/57, 58/59, 62/63, 78/79, 80/81, 84/85, 88, 89–91, 92/93, 94/95, 96/97, 99, 108/109, 114–116, 118/119, 122/123, 128/129, 130, 131, 132, 133, 134/135, 136–138, 140/141, 144, 146–148, 154, 156/157, 164/165

Fabeln: 40, 41, 54/55

Film und Hörmedien: 60, 70/71, 95, 102/103, 113, 167

Fremdsprachige Wörter/Texte: 12, 35, 40, 58/59, 71, 74, 78/79, 99, 106/107, 125, 127, 130, 139

Gedichte/Reime/Lieder: 6, 7, 8, 10, 12, 13, 14, 15, 28, 32, 36, 37, 46/47, 50, 52, 53, 70/71, 72, 73, 74, 75, 77, 79, 86, 110, 112, 120, 126, 127, 139, 142, 143, 149, 152, 154, 155, 158, 159, 161, 163, 183

Interviews: 160/161, 162/163

Legenden/Sagen: 68, 69, 154

Märchen: 64, 65, 66/67

Mundart: 7, 12, 64, 139

Rätsel: 8, 9, 10, 11, 12, 61, 110, 117, 168

Sachtexte: 17, 33, 38, 39, 40, 48, 49, 51, 57, 73, 83, 102/103, 104, 106/107, 111, 113, 121, 124, 145

Texte mit Pausenzeichen: 30/31, 65, 68

Visuelle Poesie: 50, 142, 155, 168, 176

Verfasser- und Quellenverzeichnis

40	**Äsop:** Der Fuchs und die Weintrauben (bearb.). Aus: Ludwig Mader (Hg.): Antike Fabeln, eingel. u. neu übertragen von Ludwig Mader. Deutscher Taschenbuch Verlag: München 1973
14	**Anger-Schmidt, Gerda:** Hoppala. Aus: Gerda Anger-Schmidt u. a.: Noch schlimmer geht's immer. © 1994, 2009 Ueberreuther: Wien 2009
7	Sachen verstaubt? Aus: Ebenda
156	**Baisch, Milena:** Anton taucht ab (bearb.) und Cover. Betz & Gelberg: Weinheim und Basel 2010
100	**Baltscheit, Martin:** Kurz der Kicker (bearb.), Illustrationen von Ulf K. © Terzio, Möllers & Bellinghausen Verlag GmbH: München 2006
74	**Bektas, Habib:** Noel / Weihnachten. Aus: Şirin wünscht sich einen Weihnachtsbaum, übersetzt von Lorenz Bornhard. Ravensburger Buchverlag Otto Maier: Ravensburg 1991
108	**Belli, Gioconda:** Die Werkstatt der Schmetterlinge (gek.) und Cover, Illustrationen von Wolf Erlbruch. Übersetzung von Anneliese Schwarzer. Peter Hammer: Wuppertal 2009
78	**Berbig, Renus:** Wo der Weihnachtsmann wohnt (bearb.). Aus: Unglaubliche Weihnachten. Deutscher Taschenbuch Verlag: München 2007
76	**Binder, Dagmar:** Schneemann-Familie (Originaltitel: Schneemänner) (bearb.). Aus: Kunterbunt durchs ganze Jahr. Patmos: Düsseldorf 2000
111	**Blum, Lisa-Marie:** Kleiner Fuchs. Aus: Das Tigerauge. Thienemann: Stuttgart 1991
92	**Blume, Judy:** Jagd auf Lucas (bearb.). Aus: Luis und Amanda. Spinnenkackesuppe und der erste Halbgeburtstag der Weltgeschichte. Übersetzung von Brigitte Jakobeit. Tulipan: Berlin 2010
99	**Boie, Kirsten:** Mittwochs darf ich spielen. Aus: Mittwochs darf ich spielen. Oetinger: Hamburg 2012
68	**Bolliger, Max:** Der ewige Pförtner: Konrad von Parzham, 21. April. © Max Bolliger – Nachlassverwaltung Robert Fuchs und Anke Hees
120	**Bongs, Rolfs:** Erste Sonne, aus: Hans-Joachim Gelberg (Hg.): Geh und spiel mit dem Riesen. Beltz & Gelberg: Weinheim und Basel 1971
86	**Borchers, Elisabeth:** Der eine groß, der andere klein. Aus: Maria Enrica Agnostelli und Elisabeth Borchers: Ich weiß etwas, was Du nicht weißt. Heinrich Ellermann: Hamburg 1997
86	**Brender, Irmela:** Kein Held. Aus: War mal ein Lama in Alabama. Oetinger: Hamburg 1991
40	**Brunke, Timo:** Herbst. Aus: Warum heißt das so? Klett Kinderbuch: Leipzig 2009
136	**Bröger, Achim:** Heute probieren wir's (bearb.). Aus: Geschwister … nein danke!?, Arena: Würzburg 1999
168	**Burger, Antje:** In der Jugendherberge (Originaltitel: Bericht aus der Jugendherberge; gek.). Aus: Rätselbude Nr. 3, Beltz Verlag: Weinheim und Basel 1992
56	**Bürger, Gottfried August:** Baron Münchhausens abenteuerliche Geschichte (gek.), Illustrationen von Cornelia Haas und Cover. Coppenrath: Münster 2007
7	**Busch Wilhelm:** Max und Moritz. Aus: Alfons Schweiggert: Da Maxl und da Moritz. A Buamgschicht mit sieben Lumparein, auf boarisch. Vierte Lumperei. (bearb.) In: Manfred Görlach (Hg.): Max und Moritz von A bis Z, in deutschen Mundarten von Aachen bis zur Zips. Heidelberg: Winter 1995
154	**Busta, Christine:** Der Sommer. Aus: Die Sternenmühle. Müller Verlag: Salzburg 1959
37	**Bydlinski, Georg:** Herbst. Aus: Im Pfirsich wohnt der Pfirsichkern. Gabriel: Mödlingen, Wien 1994, © Georg Bydlinski
32	Wann Freunde wichtig sind, aus: Wasserhahn und Wasserhenne. Dachs Verlag: Wien 2002
84	**Cali, Davide:** Wanda Walfisch (gek.) und Cover, Illustrationen von Sonja Bougaeva. Übersetzung von Claudia Steinitz. © 2010 Atlantis, an imprint of Orell Füssli Verlag AG, Zürich
53	**Claudius, Hermann:** Apfelkantate. Aus: Gesammelte Werke, hrsg. u. eingel. v. Christian Jenssen. Wegner Verlag: Hamburg 1957
99	**Clormann-Lietz, Nora:** Langeweile? Tu was! (gek.). Aus: Hans-Joachim Gelberg: Großer Ozean. Beltz: Weinheim und Basel 2000
70	**Donaldson, Julia:** Das Grüffelokind (gek.) und Cover, Illustrationen von Axel Scheffler. Übersetzung von Monika Ostberghaus. Beltz & Gelberg: Weinheim und Basel 2004
62	**Drvenkar, Zoran:** Eddies Lügengeschichte (Originaltitel: Eddies erste Lügengeschichte) (bearb.). Carlsen: Hamburg 2009
113	**Dumon Tak, Bibi:** Der Mauersegler (gek.), Illustrationen von Fleur van der Weel (bearb.) und Cover. Aus: Kuckuck, Krake, Kakerlake, aus dem Niederländischen von Meike Blatnik: Berlin Verlag: Berlin 2009
17, 19	Die Jesus-Christus-Echse (gek.), Illustration von Fleur van der Weel (bearb.). Aus: Ebenda
149	**Ende, Michael:** Ein Schnurps grübelt (gek.). Aus: Das Schnurpsenbuch. Thienemann: Stuttgart 1990
79	**Erhardt, Heinz:** Ein Weihnachtslied. Aus: Das große Heinz-Erhardt-Buch. Lappan Verlag: Oldenburg 2000
73	**Feustel, Günther:** Schneeschnittmusterwiese. Aus: Hans-Joachim Gelberg (Hg.): Oder die Entdeckung der Welt. Beltz & Gelberg: Weinheim und Basel 1986
22	**Fühmann, Franz:** Anna, genannt Humpelhexe (gek.) und Cover, Illustrationen von Jacky Gleich. Hinstorff: Rostock 2002
89	**Goscinny, René / Jean Jacques Sempé:** Luise (bearb.), aus: Der kleine Nick und die Mädchen. Aus dem Französischen von Hans-Georg Lenzen. Copyright der deutschsprachigen Ausgabe © 1976, 2006 Diogenes Verlag AG Zürich
72	**Grosche, Erwin:** Der Schneeschieber. Aus: Der Badewannenkapitän. München: Deutscher Taschenbuch Verlag 1982
155	**Guggenmos, Josef:** Das Gewitter. Aus: Was denkt die Maus am Donnerstag? Beltz & Gelberg: Weinheim und Basel 1998
36	Im Oktober. Aus: Groß ist die Welt. Beltz & Gelberg: Weinheim und Basel 2006
72	Kalter Tag. Aus: Großer Ozean. Beltz & Gelberg: Weinheim und Basel 2000
50	So einer bin ich. Aus: Groß ist die Welt. Beltz & Gelberg: Weinheim und Basel 2006
42	Warum es keine Weihnachtslärche gibt (bearb.). Aus: Dagmar Binder (Hg.): Wenn die Blätter tanzen. Sauerländer: Düsseldorf 2007, © Josef Guggenmos
110	Wer bin ich? Aus: Was denkt die Maus am Donnerstag? Beltz & Gelberg: Weinheim und Basel 1998
10	**Herold, Gottfried:** Kleiner Unsinn. Aus: Mein Emil heißt Dackel. Kinderbuchverlag: Berlin 1990
154	**Heyne, Isolde:** Siebenschläfer. Aus: Hans Gärtner (Hg.): Das Geschichtenjahr. Sankt Gabriel: Mödling / Wien 1997
121	**Hilgendorff, Anne:** Hatschi! (bearb.). Aus: Mich juckt es so! Georg Thieme Verlag KG: Stuttgart 2007
4	**Houlden, Robert und Becky Bloom:** Der kultivierte Wolf (bearb.) und Cover, Illustrationen von Pascal Biet, übersetzt von Andrea Grotelüschen, © Lappan: Oldenburg 1999 und 2008
6	**Janisch, Heinz:** Schul-Regeln (gek.). Aus: Gudrun Schury (Hg.): Ein Pudel spricht zur Nudel. Aufbau: Berlin 2010, © Heinz Janisch
143	**Jatzek, Gerald:** Jetzt. Aus: Wolf Harranth (Hg.): Im Pfirsich wohnt der Pfirsichkern, Gedichte für Kinder, Verlag St. Gabriel, Mödling 1994, © Gerald Jatzek
72	**Kaléko, Mascha:** Der Winter. Aus: die paar leuchtenden Jahre, © Deutscher Taschenbuch Verlag: München 2003
75	**Karnetzky, Eva:** Kunterbunte Weihnachtswünsche (gek.). Aus: Spiel mit, Heft 12, Dezember 2009. Family Media GmbH: Freiburg 2009
149	**Kilian, Susanne:** Manchmal. Aus: Kinderkram. Beltz: Weinheim und Basel 1987
126	**Kirsch, Rainer:** Der Wind ist aus Luft. Der Kinderbuchverlag: Berlin 1986

24	**Klein, Martin:** Der Neue (bearb.). Aus: Ein Schultag voller Abenteuer. Ravensburger Buchverlag: Ravensburg 2009	30	Vertrauen schenken. Aus: Dietrich Steinwede (Hg.): Neues Vorlesebuch Religion. Ernst Kaufmann Verlag 1988, © Manfred Mai
80	Himmlisches Training (bearb.). Aus: Alle Jahre Widder. Carlsen: Hamburg 2003	87	**Manz, Hans:** So sind Mädchen, so sind Buben (Originaltitel: Der kleine Unterschied; bearb.), aus: Die Kunst, zwischen den Zeilen zu lesen. Beltz Verlag: Weinheim und Basel 1978
128	**Kramer, Ann-Kathrin:** Ein Sonntag im Juni (Originaltitel: Matilda Das Mädchen aus dem Haus ohne Fenster (bearb.). Illustrationen und Cover Heike Herold. Baumhaus: Copyright © 2013 by Bastei Lübbe GmbH & Co. KG, Köln	64	**Meindl, Elfie:** Das bayerische Rotkäppchen. Aus: Werner Simon (Hg.): Froschkini und Sterntaler. Bayrische Märchenreime nach den Brüdern Grimm. Bayerland: Dachau 1985
122	**Krause, Ute und Dorothy Palanza:** Helma legt los (bearb.). Illustrationen von Ute Krause und Cover. Oetinger: Hamburg 2012	15	**Meyer-Dietrich, Inge:** Traumbuch. Aus: Hans-Joachim Gelberg (Hg.): Oder die Entdeckung der Welt. Beltz Verlag: Weinheim und Basel 1997, © Inge Meyer-Dietrich
37	**Krüss, James:** Fragen im Oktober. Aus: Renate Raecke (Hg.): Ein Eisbär ist kein Pinguin. Das große James-Krüss-Buch. Boje: Köln 2007	34	**Möller, Anne:** Zehn Blätter fliegen davon (bearb.) und Cover, Illustrationen von Anne Möller. © 2008 Atlantis, an imprint of Orell Füssli Verlag AG, Zürich
112	Starenlied. Aus: So viele Tage wie das Jahr hat. Bertelsmann: München 1986	37	**Mörike, Eduard:** Septembermorgen. Aus: Gedichte. Auswahl und Nachwort von Bernhard Zeller. Reclam: Stuttgart 1977
41	**La Fontaine:** Herbstwind und Sonne. Aus: Rosemarie Wildermuth (Hg.): Der Sonnenbogen. Übersetzung von Maria Aebersold. Ellermann: München 1979	49	**Morgenstern, Christian:** Die zwei Wurzeln. Aus: Michael Schulte (Hg.): Das große Christian Morgenstern Buch. Piper: München 1976
127	**Labbé:** Ein Säckchen zum Verschenken (Originaltitel: Duftsäckchen) (bearb.). Copyright © LABBÉ GmbH, D-50126 Bergheim	51	**Nase, Daniela:** Was wäre, wenn es keinen Wald mehr gäbe?, (bearb.). Aus: Frag doch mal den Wald. cbj: München 2006
153	Sonnenuhr (bearb.). Ebenda	127	**Neie, Rosemarie:** Von allen Müttern auf der Welt (Originaltitel: Muttertag), (gek.) Aus: Lislott Musil (Hg.): Es war solange Tag. Auer: Donauwörth 1971
150	**Lakin, Patricia:** Zum Strand (gek.) Übersetzung, Cover und Illustrationen von Sabine Wilharm. Carlsen: Hamburg 2007	134	**Nöstlinger, Christine:** Die anderen Geschichten (gek.). Aus: Das große Nöstlinger Lesebuch. Beltz Verlag: Weinheim und Basel 2001
49	**Lasker-Schüler, Else:** Ich möchte ein Baum sein. Aus: Gesammelte Werke. Kösel: München 1959	131	Was wäre, wenn … Illustration von Jutta Bauer. Aus: Christine Nöstlinger und Jutta Bauer: Ein und alles. Beltz & Gelberg in der Verlagsgruppe Beltz: Weinheim und Basel 1992
120	**Leitner, Hilga:** Frühling. Aus: Dem Frühling auf der Spur. Schreiber: Esslingen 2007	132	**Obrecht, Bettina:** Jonas und Pablo (bearb.). Aus: Jonas lässt sich scheiden. Oetinger: Hamburg 1995
140	**Lestrade, Agnès:** Danas Uhrwerk (bearb.). Illustrationen von Constanza Bravo und Cover. Übersetzung von Anna Taube. mixtvision: München 2013	48	**Oftring, Bärbel:** Zapfen untersuchen (gek.). Aus: 25 Natur-Abenteuer im Wald. Moses Verlag: Kempen 2009
96	**Lindgren, Astrid:** Wir spielen ganze Tage lang. Aus: Die Kinder aus der Krachmacherstraße. Illustrationen von Ilon Wikland und Cover. Übersetzung von Thyra Dorenburg. Oetinger: Hamburg 1992	46	**Pieper, Christiane:** Die Nichte in der Fichte (gek.) und Cover, Illustrationen von Christiane Pieper. Peter Hammer: Wuppertal 2009
125	**Litten, Margot:** Eleni aus Griechenland erzählt (gek.). Aus: Osterbuch. Loewe: Bindlach 1984	146	**Pope Osborne, Mary:** Das magische Baumhaus. Im Tal der Dinosaurier (bearb.) und Cover. Text © Mary Pope Osborne. Übersetzung von Sabine Rahn. © für die deutsche Ausgabe Loewe: Bindlach 2000
28	**Lobe, Mira:** Deutsch ist schwer, aus: Gerri Zotter und Mira Lobe: Das Sprachbastelbuch: G & G Verlag: Wien 2005	118	**Preußler, Otfried:** Frühling im Mühlenweiher (Originaltitel: Der kleine Wassermann – Frühling im Mühlenweiher) (bearb.), Illustrationen von Daniel Napp und Cover. Thienemann: Stuttgart/Wien 2011
159	**Maar, Paul:** A – E – I – O – U; Drachenlachen; Schicksal; Verwurmter Apfel. Aus: JAguar und NEINguar. Bilder von Ute Krause und Cover. Oetinger: Hamburg 2007	117	**Raab, Brigitte:** Da stimmt doch was nicht (Originaltitel: Wo wächst der Pfeffer?). Oetinger: Hamburg 2005
8	Buchstabengeschichten von Paul Maar, Bilder und Was mag das wohl sein? Aus: Kreuz und Rüben, Kraut und quer. Oetinger: Hamburg 2004	142	**Reger, Harald:** Die Zeit verrinnt. Aus: Kinderlyrik in der Grundschule. Schneider: Hohengehren 2000
163	Gelogen. Aus: JAguar und NEINguar. Bilder von Ute Krause. Oetinger: Hamburg 2007	64	**Ringelnatz, Joachim:** Kuttel Daddeldu erzählt seinen Kindern das Märchen vom Rotkäppchen. Aus: Sämtliche Erzählungen und Gedichte. Diogenes: Zürich 2003
161	Missratenes Gedicht 1; Missratenes Gedicht 2. Aus: JAguar und NEINguar. Bilder von Ute Krause. Oetinger: Hamburg 2007	65	**Rodari, Gianni:** Grünkäppchen. Aus: Marbach, Maria (Hg.): Ueberreuters großes Lach- und Schmunzelbuch. Übersetzung von Ruth Wright. Ueberreuter: Wien 1981
26	Das Sams in der Schule (bearb.) und Illustrationen. Aus: Eine Woche voller Samstage. Oetinger: Hamburg 2005	52	**Roth, Eugen:** Der Baum. Aus: Hans-Joachim Gelberg (Hg.): Der fliegende Robert. Beltz: Weinheim und Basel 1977
104	Das Storyboard (bearb.) und Illustrationen. Aus: Das Sams wird Filmstar. Illustrationen Storyboard von Andreas Rausch. Oetinger: Hamburg 2001	50	**Rückert, Friedrich:** Was müssen da für Bäume stehn. Aus: Harald Reger: Kinderlyrik in der Grundschule. Hohengehren: Baltmannsweiler 2000
102	Im Film ist vieles anders (bearb.) und Fotos. Aus: Das Sams wird Filmstar. Oetinger: Hamburg 2001, © für alle Fotos: Kinowelt Filmproduktion GmbH, Standfotos: klick: Rolf von der Heydt, Christian A. Rieger	114	**Schmachtl, Andreas H.:** Hieronymus Frosch (gek.), Illustrationen und Cover. Arena: Würzburg 2012
8	Rätsel „Dose" und „Rind". Aus: Dann wird es wohl das Nashorn sein. Beltz: Weinheim und Basel 1988	144	**Schott, Hanna:** Fritzi war dabei (gek.). Klett Kinderbuch: Leipzig 2009
158	Schicksal; Verwurmter Apfel. Aus: JAguar und NEINguar. Bilder von Ute Krause. Oetinger: Hamburg 2007	145	Zwei Deutschlands: Ebenda
133	**Mai, Manfred:** Alle haben eins (bearb.). Aus: Kunterbunte 1, 2, 3 Minutengeschichten. Ravensburger Buchverlag Otto Maier: Ravensburg 2006	58	**Scieszka, Jon:** Kwatsch (gek.). Aus: Kwatsch (Julius P.) Übersetzung von Sophie Birkenstädt. Carlsen: Hamburg 2003
77	Komm mit! Aus: Leselöwen Weihnachtsgedichte. Loewe: Bindlach 1997	29	**Siege, Nasrin:** Das Bauchweh (gek.). Aus: Hans-Joachim Gelberg (Hg.): Die Erde ist mein Haus. Beltz: Weinheim und Basel 1988

94	**Steinhöfel, Andreas:** Rico und Oskar (Originaltitel: Rico, Oskar und die Tieferschatten), (bearb.), Carlsen: Hamburg 2008	32	**Wittkamp, Frantz:** Du bist da und ich bin hier (gek.). Aus: Hans-Joachim Gelberg (Hg.): Großer Ozean. Beltz: Weinheim und Basel 2000
152	**Steinwart, Anne:** Sommerabend. Aus: Da haben zwei Katzen gesungen … Carlsen: Hamburg 1992	110	Morgen trägt mich der Sommerwind. Aus: Heinz Brand (Hg.): Ach, du liebe Zeit! Lappan: Oldenburg 2007
50	**Stöckle, Frieder:** Bäume. Aus: Hans-Joachim Gelberg (Hg.): Oder die Entdeckung der Welt. Beltz: Weinheim und Basel 1997	142	Sekundenkleber. Aus: Anton G. Leitner (Hg.): Das Gedicht. Alle meine Kinder. Die Poesie der ersten Jahre. Anton G. Leitner Verlag: Weßling 2005, © Frantz Wittkamp
164	**Straaten, Harmen van:** Die Geschichte von Ente und Frosch (bearb.) (Originaltitel: Es war einmal eine Ente). Übersetzung von Arnica Esterl. Freies Geistesleben: Stuttgart 2004	183	**Wolf, Wenzel:** Ein Satz. Aus: Texte und Fragen, Band 3, Diesterweg: Frankfurt am Main 1977
88	**Student, Sonja:** Mein Zimmer gehört mir. Aus: Mücke – Die Kinderzeitschrift für Schule und Freizeit, Heft 7/8, 1988. Universum Verlagsanstalt: Wiesbaden 1988		
74	**Thoma, Ludwig:** Die Heilige Nacht. Aus: Gesammelte Werke in sechs Bänden. Band 6, Piper: München 1968	82	15. Februar: Schneechaos in Bayern (bearb.). Aus: Süddeutsche.de/ dapd/dpa/tob; http://www.sueddeutsche.de/bayern/schneechaos-in-bayern-tausende-passagiere-sitzen-am-flughafen-fest-1.1284556; Zugriff 08.04.2014
52	**Tolstoi, Leo:** Der alte Mann und die Apfelbäumchen. Übersetzung von Hans Baumann. © 2013 Veronika Braune-Baumann	54	Das leichte Brot (bearb.). Aus: Berta Hofberger (Hg.): Jetzt kommt noch ein Betthupferl. Ehrenwirth: München 1963
130	**Tuckermann, Anja:** Meine ganze Familie (gek.). Aus: Ein Buch für Yunus. dtv Reihe Hanser: München 2008	49	Die Lebensgeschichte des Baumes. Aus: Tu was, Januar 1993. Zeitschrift für Naturforscher und solche, die es werden wollen! Domino Verlag: München
13	**Vahle, Fredrik:** Rabengespräch. Aus: CD/MC Luzie Lindwurm. Text und Musik: © Patmos Verlag: Düsseldorf 1998	66	Der Mäuserich sucht eine Frau. Aus: Das Ungeheuer mit den Hörnern. Sieben Tiermärchen. (Reihe Bunte Kiste) Altberliner: Berlin 1983
139	**Vettiger, Susanne:** Schuschu (bearb.). Aus: Maria Theresia Rössler (Hg.): Gestern kam das Glück zu mir. Jungbrunnen: Wien 2009	60	Käpt'n Blaubär, der Meister-Lügner (gek.) aus: http://www.wdrmaus.de/kaeptnblaubaerseite/ „Zur Lügenwelt in den Salon"; Zugriff 09.04.2014
11	**Vogel, Maja von:** Die geheime Inschrift (gek.) und Cover von Christine Brand. Aus: Im Land der 1000 Rätsel. Carlsen: Hamburg 2006	82	Wetterrekorde in Deutschland. Quelle: Deutscher Wetterdienst; http://www.dwd.de; Zugriff 08.04.2014
14	**Weinrebe, Helge M. A.:** Von Fenster zu Fenster. Aus: Spiele für Schule und Unterricht. Band 1. Auer: Donauwörth 2001		

Fotos und Bilder

7	Max und Moritz; Lehrer Lämpel: F1onlineImagebroker RM/F1online	103	Paul Maar: Das Sams wird Filmstar. © für alle Fotos: Kinowelt Filmproduktion GmbH. Oetinger: Hamburg 2001; Cover DVD: Das Sams – Der Film. Kinowelt Home Entertainment, 18. Juni 2002
15	Quint Buchholz: Ausflug. Aus: Buchholz, Quint und Michael Krüger: Wer das Mondlicht fängt. Bilder und Gedichte. Sanssouci-Band im Carl Hanser Verlag: 2001	104	Paul Maar: Das Sams wird Filmstar. Illustrationen Storyboard von Andreas Rausch. Oetinger: Hamburg 2001
33	Johann Jilka, Altenstadt	111	li.: blickwinkel/K. Wagner; Mitte: NPL/Arco Images; re.: silentforce/Fotolia.com
35	„Ashar auraq tatiru ba'idan", arabische Lizensausgabe von: Möller, Anne: Zehn Blätter fliegen davon. © 2008 Atlantis, an Imprint of Orell Füssli Verlag AG, Zürich; erschienen bei Kalima; „Dix feuilles volantes", französische Lizensausgabe von Möller, Anne: Zehn Blätter fliegen davon. © 2008 Atlantis, an Imprint of Orell Füssli Verlag AG, Zürich; erschienen 2009 l' école des loisirs, Paris	113	Cover CD: Bibi Dumon Tak: Kuckuck, Krake, Kakerlake. Oetinger Media GmbH August 2010
		121	somenski/Fotolia.com
		125	F1 online
36	Charles M. Schulz: Freunde fürs Leben. Die Peanuts. Carlsen Comics: Hamburg 2009	144	picture-alliance/dpa/Frank Leonhardt
38	li.:© Dr. G. Schmidt-Stohn/Naturbild/OKAPIA; re.: AriN/Shutterstock	148	Cover: Will Osborne und Mary Pope Osborne: Forscherhandbuch Dinosaurier. Loewe: Bindlach 2007
39	picture-alliance/dpa/epa efe	160	picture-alliance/dpa
49	Foto: Baumscheibe © Oskar	162	Karoline Kehr, Hamburg
60	DVD Cover: Käpt'n Blaubär Seemannsgarn, Best of, Vol. 1, Filmconfect Home Entertainment GmbH (Rough Trade), 2008	163	aus: Paul Maar: JAguar und NEINguar. Bilder von Ute Krause. Oetinger: Hamburg 2007
68	mauritius images / ib imagebroker	167	DVD Cover: Das Grüffelokind. Concorde Video 17. Januar 2013
69	Walter R. Habicht: Würzburg, Festung und alte Mainbrücke. Städtische Galerie Würzburg	188	o.: Imago; Mitte: Imago; u.: Mauritius images
71	Der Grüffelo und das Grüffelokind. Audio-CD: Hörcompany 12. Dezember 2008; Donaldson, Julia und Axel Scheffler: The Gruffalo. MacMillan 21. August 1999	189	o.: Klaus-Gerhard Dumrath / mauritius images; u.: Foto: Naturlandschaft Lüneburger Heide, HDR © Gabriele Rohde
76	Karoline Kehr, Hamburg	190	o.: DeReGe/clipdealer.com; u.: Mauritius images
83	o.: mauritius images / ib imagebroker; u.: Imago Sportfotodienst / Imago	191	o.: Alamy / mauritius images; Mitte: Foto: Alte Lampe © mankale; u.: AGE/Mauritius/mauritius images
98	o. li.: David Orcea / Shutterstock; o. re.: Lisa F. Young / Shutterstock; u. li.: Andreas Wolf/ Fotolia.com; u. re.: Agnieszka Kirinicjanow/ iStockphoto.com	192	o.: mauritius images / ib; u.: Alamy / mauritius images
102	Paul Maar: Das Sams wird Filmstar. Standfotos: klick: Rolf von der Heydt, Christian A. Rieger. Oetinger: Hamburg 2001		

Soweit in diesem Buch Personen fotografisch abgebildet sind und ihnen von der Redaktion Namen, Berufe, Dialoge und ähnliches zugeordnet oder diese Personen in bestimmten Situationen dargestellt werden, sind diese Zuordnungen und Darstellungen fiktiv und dienen ausschließlich der Veranschaulichung und dem besseren Verständnis des Buchinhalts.

Auflösungen

zu Seite 9
Toller Ausblick: Hasen haben kurze Schwänze.
Urlaub in Berlin: Der Eiffelturm steht in Paris.
Ein Familienausflug: Lisa hat zwei Geschwister, also hat Herr Müller drei Kinder.

zu Seite 10
WALDGEHEIMNIS

zu Seite 117
Warum halten Bären Winterruhe?
Im Winter finden Bären zu wenig Nahrung. Deshalb fressen sie sich im Herbst Winterspeck an und verbringen die kalte Jahreszeit in einer Höhle.

Warum sind Flamingos rosa?
Flamingos fressen gerne kleine Krebse, die einen roten Farbstoff enthalten. Davon werden sie rosa.

Warum sind Wale keine Fische?
Die meisten Fische legen Eier, aber Wale bringen ihre Babys lebend zur Welt. Sie sind Säugetiere. Das Walbaby trinkt bei der Mutter Milch.

Warum haben Schnecken ein Haus?
Das Haus schützt die Schnecken vor Feinden und der Sonne.

Warum haben Schafe lockiges Fell?
Das Fell wächst lockig. Zwischen den gekräuselten Haaren ist Platz für Luft. Das schützt vor Kälte und hält die Schafe warm.

Warum verfliegen sich Zugvögel nicht, wenn sie im Herbst in den Süden fliegen?
Zugvögel haben tatsächlich eine Art Kompass im Schnabel und in den Augen. Der hilft ihnen, den richtigen Weg zu finden. Außerdem orientieren sie sich an der Sonne und den Sternen.

zu Seite 61
Gelogen sind die Spaghetti-Ernte und die Achterbahn für Hunde.
Wahr ist, dass ein Mann in Großbritannien mit seinen Ohren einen Bus gezogen hat.

zu Seite 11

Wanderer, gib stets gut acht
am hellen Tag und in der Nacht.
Verlasse nie des Weges Stein,
lauf niemals in den Wald hinein.
Verzaubert ist der Höhlenort,
glaubst du mir nicht, bist du bald fort.

Jo-Jo

Lesebuch 3

Grundschule Bayern

Überarbeitung der Ausgabe von	Barbara Ertelt, Dagmar Sedlmeyer, Brigitte Umkehr, Marion Waszak
Unter Einbeziehung der Ausgabe von	Katja Eder, Silke Fokken, Tanja Glatz, Erna Hattendorf, Martin Wörner
Redaktion	Dr. Birgit Waberski, Susanne Dahlbüdding
Illustrationen	Lars Baus
Umschlagillustration	Sylvia Graupner
Gesamtgestaltung und technische Umsetzung	Heike Börner

www.cornelsen.de

1. Auflage, 1. Druck 2014

Alle Drucke dieser Auflage sind inhaltlich unverändert und können im Unterricht nebeneinander verwendet werden.

© 2014 Cornelsen Schulverlag GmbH, Berlin

Das Werk und seine Teile sind urheberrechtlich geschützt.
Jede Nutzung in anderen als den gesetzlich zugelassenen Fällen bedarf der vorherigen schriftlichen Einwilligung des Verlages.
Hinweis zu den §§ 46, 52a UrhG: Weder das Werk noch seine Teile dürfen ohne eine solche Einwilligung eingescannt und in ein Netzwerk eingestellt werden. Dies gilt auch für Intranets von Schulen und sonstigen Bildungseinrichtungen.

Druck: Mohn Media Mohndruck, Gütersloh

ISBN 978-3-06-080643-0

PEFC zertifiziert
Dieses Produkt stammt aus nachhaltig bewirtschafteten Wäldern und kontrollierten Quellen.
www.pefc.de